De:
_____

Para:
_____

Data:
_____

CONVERSA COM DEUS

O poder de orar com a Bíblia

—

STORMIE OMARTIAN

Traduzido por Maria Emília de Oliveira

Copyright © 2011 por Stormie Omartian
Publicado originalmente por Harvest House
Publishers, Eugene, Oregon, EUA.

Os textos das referências bíblicas foram extraídos
da *Nova Versão Transformadora* (NVT), da Editora
Mundo Cristão (usado com permissão da Tyndale
House Publishers, Inc.), salvo indicação específica.

Todos os direitos reservados e protegidos pela Lei
9.610, de 19/02/1998.

É expressamente proibida a reprodução total ou
parcial deste livro, por quaisquer meios (eletrônicos,
mecânicos, fotográficos, gravação e outros), sem
prévia autorização, por escrito, da editora.

Edição
Daniel Faria

Preparação
Daila Fanny

Diagramação
Sonia Peticov

Revisão
Natália Custódio

Produção
Felipe Marques

Colaboração
Ana Luiza Ferreira
Ana Paz

CIP-Brasil. Catalogação na publicação
Sindicato Nacional dos Editores de Livros, RJ

O64c

Omartian, Stormie
Conversa com Deus : o poder de orar com a Bíblia /
Stormie Omartian ; tradução Maria Emília de Oliveira. -
1. ed. - São Paulo : Mundo Cristão, 2019.
272 p. ; 15 cm.

Tradução de: A little book of powerful prayers
ISBN 978-85-433-0473-1

1. Oração. 2. Bíblia - Uso devocional. I. Oliveira,
Maria Emília de. II. Título.

19-59120   CDD: 248.32
                 CDU: 27-534.3

Publicado no Brasil com todos
os direitos reservados por:

Editora Mundo Cristão
Rua Antônio Carlos Tacconi, 69
São Paulo, SP, Brasil
CEP 04810-020
Telefone: (11) 2127-4147
www.mundocristao.com.br

Categoria: Oração
1ª edição: outubro de 2019 | 3ª reimpressão: 2023

Orações de grande poder

O sopro de vida

*Então o Senhor Deus formou o homem do pó
da terra. Soprou o fôlego de vida em suas narinas,
e o homem se tornou ser vivo.*

Gênesis 2.7

Senhor, agradeço pelo sopro de vida que me deste. Oro para que sopres nova vida em mim hoje. Assim como falaste e inspiraste vida a teu mundo esplêndido, ajuda-me também a falar palavras que tragam vida ao meu pequeno mundo. Sou imensamente grata por estar intimamente ligada a ti todos os dias. Obrigada porque me criaste para teu propósito.

Um passeio no jardim

Quando soprava a brisa do entardecer, o homem e sua mulher ouviram o Senhor Deus caminhando pelo jardim e se esconderam dele entre as árvores. Então o Senhor Deus chamou e perguntou: "Onde você está?".

Gênesis 3.8-9

Meu Criador, tudo o que mais quero é caminhar a teu lado. Ajuda-me a não perder essa maravilhosa intimidade contigo quando me sinto atraída pela agitação deste mundo. Capacita-me a ouvir tua voz me chamando, para que eu responda sem demorar um segundo sequer. Ensina-me a nunca me esconder de ti, seja qual for o motivo. Não quero que nada me separe de tudo aquilo que tens para minha vida.

Ouvidos atentos

Noé era um homem justo, a única pessoa íntegra naquele tempo, e andava em comunhão com Deus.
Gênesis 6.9

Querido Deus, ajuda-me a viver cada dia sentindo plenamente tua presença em mim. Não quero andar pela vida sem reservar um tempo para estar em tua companhia. Quero que meu relacionamento contigo seja tão forte a ponto de outras pessoas reconhecerem teu Espírito em mim. Todas as vezes que eu me aproximar de ti em oração, faz-me ouvir tua voz falando a meu espírito, para que eu sempre siga a tua direção. Quero ser conhecida como uma mulher que anda contigo.

O poder da
promessa de Deus

Ao olhar para o arco-íris nas nuvens, eu me lembrarei da
aliança eterna entre Deus e todos os seres vivos da terra.
Gênesis 9.16

Deus fiel, agradeço-te porque sempre cumpres o que me prometeste. Ajuda-me a entender e lembrar exatamente quais são as tuas promessas, para que as guarde no coração e as repita em voz alta quando tiver de afastar as dúvidas que me assaltam. Leva-me a lembrar que Jesus é a prova máxima de que já cumpriste tua maior promessa para nós. Obrigada porque ele voltará.

Quando é preciso esperar

Algum tempo depois, o SENHOR falou a Abrão em uma visão e lhe disse: "Não tenha medo, Abrão, pois eu serei seu escudo, e sua recompensa será muito grande". [...] Abrão creu no SENHOR, e assim foi considerado justo.

Gênesis 15.1,6

Querido Pai, ensina-me a ter fé suficiente para crer que responderás às minhas orações. Dá-me paciência para aguardar as respostas. Livra-me de me adiantar e assumir as rédeas da situação. Capacita-me a confiar que ouves minhas orações e as atenderás de acordo com tua vontade e em teu tempo perfeito. Ajuda-me a descansar em paz durante o período de espera, sabendo que a firmeza de minha fé agrada a ti.

Fazendo sacrifícios

Algum tempo depois, Deus pôs Abraão à prova. "Abraão!", Deus chamou. "Sim", respondeu Abraão. "Aqui estou!" Deus disse: "Tome seu filho, seu único filho, Isaque, a quem você tanto ama, e vá à terra de Moriá. Lá, em um dos montes que eu lhe mostrarei, ofereça-o como holocausto". Na manhã seguinte, Abraão se levantou cedo e preparou seu jumento.

Gênesis 22.1-3

Senhor, sei que desejas que eu te submeta tudo, inclusive os sonhos de meu coração. E mesmo que esses sonhos tenham vindo de ti, tu podes pedir-me que abra mão deles. Portanto, entrego a ti neste momento todos os sonhos em meu coração. Não quero apegar-me a nada que não tenha sido abençoado por ti, nem desistir de algo que seja de tua vontade para minha vida. Sei que a maior bênção que recebo é confiar em ti.

Oração para ter êxito

Então o servo orou: "Ó SENHOR, Deus do meu
senhor Abraão, por favor, dá-me sucesso hoje e
sê bondoso com o meu senhor Abraão".
Gênesis 24.12

Deus de amor, oro para ter êxito em tudo o que faço. Guia-me em todos os meus caminhos. Mostra-me se tenho tomado decisões sem consultar-te antes. Ajuda-me a entender qual é a tua medida de sucesso, e a não tentar impor a minha. Meu alvo é servir-te, sabendo que todo êxito em minha vida só foi ou será alcançado se eu andar em teus caminhos e te obedecer fielmente. O sucesso só nos é agradável quando vem de ti.

Invocando o nome do Senhor

Isaque construiu ali um altar e invocou o nome do Senhor. Armou acampamento naquele local, e seus servos cavaram outro poço.

Gênesis 26.25

Pai celestial, és o Deus do universo e o Senhor de minha vida. Adoro e glorifico teu nome. Tu és santo e maravilhoso, admirável e majestoso, e rendo-te graças por tudo o que tens feito por mim. Tua Palavra diz que és poderoso para fazer muito mais do que sou capaz de pedir ou pensar. Por isso, clamo a ti para atender a todas as minhas necessidades de forma tão maravilhosa que eu nem possa imaginar. Cavei um poço em meu coração para que tua água viva flua continuamente.

Lutando em oração

Com isso, Jacó ficou sozinho no acampamento.
Veio então um homem, que lutou com ele até o
amanhecer. Quando o homem viu que não poderia
vencer, tocou a articulação do quadril de Jacó e a
deslocou. O homem disse: "Deixe-me ir, pois está
amanhecendo!". Jacó, porém, respondeu: "Não o
deixarei ir enquanto não me abençoar".

Gênesis 32.24-26

Senhor, desejo conhecer-te melhor para experimentar todas as bênçãos que tens para mim. Confesso que não tenho orado tanto quanto gostaria, e às vezes sinto medo e dúvida. Mas a partir de hoje, comprometo-me a confiar mais em ti e a orar sem cessar — mesmo tendo a sensação de estar lutando — porque sei que encontrarei transformação em tua presença. Continuarei a buscar-te até sentir o consolo de teu Santo Espírito.

O poder do louvor

Vamos a Betel, onde construirei um altar para o Deus que respondeu às minhas orações quando eu estava angustiado. Ele tem estado comigo por onde ando.

Gênesis 35.3

Deus altíssimo, adoro-te por quem tu és. Agradeço tudo o que tens feito por mim. Tu me dás força, poder, sustento e propósito. Sei que não devo temer o futuro porque vejo quanto me abençoaste e me protegeste no passado. Oro para que me guies sempre no caminho em que devo andar. Eu te louvo para que tua presença e tua promessa jamais me abandonem.

Intercessão pelos filhos

[Jacó] abençoou José, dizendo: "Que o Deus diante do qual andaram meu avô, Abraão, e meu pai, Isaque, o Deus que tem sido meu pastor toda a minha vida, até o dia de hoje, o Anjo que me resgatou de todo o mal, abençoe estes rapazes. Que eles preservem meu nome e o nome de Abraão e Isaque, e seus descendentes se multipliquem grandemente na terra".
Gênesis 48.15-16

Pai celestial, ensina-me a interceder por meus filhos e netos e por todas as crianças que colocas em minha vida. Abençoa cada criança com o conhecimento de quem tu és, e ajuda-as a andar em teu caminho e a permanecer nele durante a vida inteira. Capacita cada criança a reconhecer os dons e talentos que lhes deste, desenvolvendo-os e usando-os para tua glória.

Clamando a Deus

Depois de muitos anos, o rei do Egito morreu.
Os israelitas, porém, continuavam a gemer sob
o peso da escravidão. Clamaram por socorro,
e seu clamor subiu até Deus.

Êxodo 2.23

Senhor, clamo a ti para que me libertes de tudo o que me impede de cumprir teus planos para minha vida. Livra-me de tudo o que me separa de ti. Pai, sei que até em situações aparentemente sem solução, tu podes realizar tua obra grandiosa. Obrigada porque és um Deus de milagres. Oro para que operes um milagre em minha vida hoje.

Pedindo por um coração brando

O Senhor disse a Moisés: "Volte ao faraó, pois endureci o coração dele e o de seus oficiais, para que eu demonstre meus sinais entre eles".
Êxodo 10.1

Senhor, oro para que meu coração nunca se torne endurecido em relação a ti ou a teus caminhos, ou a ambos. Livra-me do orgulho e da arrogância. Ajuda-me a nunca me esquecer de glorificar-te, render-te graças e louvar-te por tudo o que tens feito no mundo e em minha vida. Ensina-me a ter um coração sensível a ti, e a permanecer acessível à tua direção e vontade para mim. Mostra-me como confiar em tua força e poder, não em mim mesma.

Orando em favor de outras pessoas

Sem demora, o faraó mandou chamar Moisés e Arão e lhes disse: "Pequei contra o SENHOR, seu Deus, e contra vocês. Perdoem meu pecado apenas mais uma vez e supliquem ao SENHOR, seu Deus, que ele me livre desta morte".
Êxodo 10.16-17

Deus, ajuda-me a aprender a orar com poder. Aumenta-me a fé para crer que respondes às minhas orações. Capacita-me a ser intercessora, principalmente em favor daqueles que ainda não te conhecem. Oro para que todos ao meu redor sejam capazes de reconhecer, por intermédio de minha vida, que sou uma pessoa de grande fé e poder na oração, e que confiem no Deus a quem oro.

Pare de esperar e comece a agir

Então o SENHOR disse a Moisés: "Por que você está clamando a mim? Diga ao povo que marche!".
Êxodo 14.15

Pai santo, enquanto oro e aguardo por um sinal teu, ajuda-me a entender que chegou o momento de entrar em ação. Torna-me sábia o suficiente para reconhecer as respostas às minhas orações, quando elas não forem de acordo com minhas expectativas. Ensina-me a conhecer tua vontade, para que eu saiba qual é o momento certo de me levantar e dar passos de fé.

O poder do "aos poucos"

Eu os expulsarei aos poucos, até que sua população tenha aumentado o suficiente para tomar posse da terra.
Êxodo 23.30

Deus, ajuda-me a ter paciência para esperar em ti pelas respostas às minhas orações. Confesso meu desejo de que tudo se resolva agora, mas sei que teu tempo é perfeito. Ensina-me que as coisas que estão acontecendo em minha vida são respostas às minhas orações, embora eu não consiga enxergá-las. Capacita-me a ver o quanto tenho avançado, enquanto retiras os obstáculos do caminho que tens para minha vida.

A eficácia da intercessão

Então o SENHOR se arrependeu da calamidade terrível
que havia ameaçado enviar sobre seu povo.

Êxodo 32.14

Senhor, leva-me a conhecer mais tua Palavra, para que eu sempre ore de acordo com tua vontade. Sei que o poder que obtenho com a oração é o teu poder operando por meu intermédio. Capacita-me a nunca interferir naquilo que farás em resposta às minhas orações. Ao orar, quero fazer grande diferença na vida de minha família, meus amigos e vizinhos. Obrigada por tua misericórdia, que nos livra do castigo que merecemos.

Por que fazemos o que fazemos?

Nadabe e Abiú, filhos de Arão, colocaram brasas em seus incensários e as salpicaram com incenso. Com isso, trouxeram fogo estranho diante do Senhor, diferente do que ele havia ordenado. Por isso, fogo saiu da presença do Senhor e os devorou, e eles morreram diante do Senhor.

Levítico 10.1-2

Pai santo, ajuda-me a nunca ser negligente com teus caminhos ou tua Palavra. Capacita-me a não permitir que meu culto a ti se torne sem vida, isto é, um ritual que perdeu seu verdadeiro significado. Que as disciplinas da oração, do louvor e da leitura de tua Palavra sejam renovadas e preservadas em meu coração, a fim de que eu sempre sinta paixão e sede por tua presença.

Seu dia de expiação

Nesse dia, serão apresentadas ofertas de expiação por vocês, a fim de purificá-los, e vocês serão purificados de todos os seus pecados na presença do Senhor.

Levítico 16.30

Obrigada, Jesus, porque pagaste o preço de meu pecado para que eu não tivesse de pagá-lo. Graças a ti fui reconciliada com Deus, e nunca mais me separarei dele. Ajuda-me a estender aos outros o amor e perdão que me concedeste. Ensina-me a louvar-te de muitas maneiras e a demonstrar gratidão por tudo o que tens feito.

Como ser santa?

*Dê as seguintes instruções a toda a comunidade de Israel.
Sejam santos, pois eu, o Senhor, seu Deus, sou santo.*

Levítico 19.2

Amado Deus, adoro-te por tua grandeza e bondade. Louvo-te porque és santo. Em adoração, oro para que tua santidade seja derramada sobre mim. Envolve-me na beleza de tua santidade quando passo tempo em tua presença. Capacita-me a ser mais semelhante a ti, para que a santificação me torne íntegra. Oro para que teu Espírito em mim seja uma luz que atraia outras pessoas a ti.

O ato de comemoração

*Dê as seguintes instruções para o povo de Israel.
Estas são as festas que o Senhor estabeleceu e que
vocês proclamarão como reuniões sagradas.*

Levítico 23.2

Soberano Senhor, comemoro o momento em que te conheci como meu Deus. Comemoro as vezes em que me curaste e abençoaste. Comemoro tuas respostas às minhas orações e os momentos em que me salvaste dos erros que cometi. Comemoro as pessoas maravilhosas que colocaste em minha vida, especialmente as que me conduziram a ti e me ensinaram a viver em teus caminhos. Comemoro minha vida contigo.

A importância
da restituição

*Dê as seguintes intruções ao povo de Israel. Se alguém
do povo, homem ou mulher, ofender ao Senhor
prejudicando outra pessoa, será culpado. Confessará
seu pecado e pagará indenização completa pelo dano
causado, com um acréscimo de um quinto do valor,
e entregará o total à pessoa prejudicada.*
Números 5.6-7

Deus, oro para que me mostres se prejudiquei alguém de alguma forma. Se prejudiquei, mostra-me como poderei reparar o prejuízo, para que tudo volte a ficar bem entre nós. Ajuda-me a pedir perdão a essa pessoa. Ensina-me a ter coração puro, pensamentos retos e boas causas. Quero ter sempre a justa consciência de que nada virá abalar a proximidade que tenho contigo.

Orientação para a jornada

Cada vez que a nuvem se elevava da tenda, o povo de Israel levantava acampamento e a seguia. No lugar onde a nuvem parava, eles acampavam. [...] Com isso, acampavam por ordem do SENHOR e viajavam por ordem do SENHOR, e cumpriam tudo que o SENHOR lhes ordenava por meio de Moisés.

Números 9.17,23

Senhor, guia-me em minha jornada ao longo da vida. Ajuda-me a entender e a reconhecer teu comando em cada decisão que eu tomar. Dá-me uma direção clara, para que eu permaneça no caminho que traçaste para mim. Sei que minha obediência em te seguir não significa que tudo será fácil. Capacita-me a não perder a fé quando a estrada se mostrar acidentada. Quero chegar ao lugar em que queres que eu esteja.

Quando você se sentir sobrecarregada

Eu descerei e falarei com você. Tomarei um pouco do Espírito que está sobre você e o colocarei sobre eles. Assim, dividirão com você o peso do povo, para que não precise carregá-lo sozinho.

Números 11.17

Deus, apresento a ti as situações de minha vida que me deixam sobrecarregada e oprimida. Não venho a ti para reclamar, mas para buscar ajuda. Se tenho tentado cuidar de tudo sozinha, em vez de depender de ti, peço-te perdão. Peço que tires todo peso de meu coração e me ajudes a superar cada situação difícil em minha vida.

Luz para seu caminho atual

"De acordo com o teu grande amor, peço que perdoes os pecados deste povo, como os tens perdoado desde que saíram do Egito." Então o Senhor disse: "Eu os perdoarei, como você me pediu".
Números 14.19-20

Querido Deus, assim como andaste com teu povo no deserto depois de libertá-lo do Egito, perdoaste seus pecados e supriste suas necessidades a cada passo da jornada, recorro a ti em busca de libertação e perdão, e peço que supras minhas necessidades todos os dias. Ajuda-me a nunca duvidar de que sempre me darás a luz de que necessito para cada passo que eu der.

O poder da fé

O povo clamou a Moisés: "Pecamos ao falar contra o
Senhor e contra você. Ore para que o Senhor tire as
serpentes de nosso meio". E Moisés orou pelo povo.
O Senhor lhe disse: "Faça a réplica de uma serpente
venenosa e coloque-a no alto de um poste. Todos que
forem mordidos viverão se olharem para ela".

Números 21.7-8

Senhor Jesus, olho para ti como meu Salvador, e para o que realizaste na cruz como garantia de minha salvação. Obrigada porque pagaste o preço de meu pecado. Perdoa-me se alguma vez falei contra ti ou fui motivada por medo e dúvida. Venho a ti com fé, crendo que me ouves e responderás à minha oração. Ajuda-me a obedecer-te sempre e a evitar as consequências da desobediência.

Tome cuidado com o que você promete

*Moisés mandou chamar os chefes das tribos de Israel
e lhes disse: "Foi isto que o Senhor ordenou: Se um
homem fizer um voto ao Senhor ou uma promessa sob
juramento, jamais deverá voltar atrás em sua palavra.
Fará exatamente o que prometeu".*
Números 30.1-2

Deus, oro para que eu sempre honre minha palavra e cumpra minhas promessas. Dá-me sabedoria para não prometer algo que não possa fazer ou oferecer. Se já empenhei minha palavra ou disse algo que faria e não fiz, ajuda-me a reparar meu erro para consertar a situação. Se fiz uma promessa a ti, capacita-me a cumprir tudo o que eu disse.

Não tenha medo

*Vejam, o S*ENHOR*, seu Deus, colocou a terra diante
de vocês! Vão e tomem posse dela, conforme o S*ENHOR*,
o Deus de seus antepassados, lhes prometeu.
Não tenham medo nem desanimem!*
Deuteronômio 1.21

Obrigada, Senhor, por todas as maravilhas que fizeste por mim no *passado*, pelas que estás fazendo *hoje* e pelas que farás no *futuro*. Livra-me do medo e do desânimo quando olho para os problemas à minha frente. Obrigada porque vais adiante de mim com um plano para a batalha. Busco tua orientação para apossar-me de tudo o que tens para mim.

Deus está perto quando o invocamos

Pois que grande nação tem um deus tão próximo de si como o Senhor, nosso Deus, está próximo de nós sempre que o invocamos?
Deuteronômio 4.7

Senhor, obrigada porque estás perto de mim quando oro. Agradeço-te porque me ouves e me respondes. Obrigada porque, em tua presença, há transformação para minha alma e vida. Eu me aproximo de ti neste momento e peço-te que me concedas uma consciência cada vez maior de tua presença. Peço que me ajudes a orar mais e mais todos os dias. Dá-me fé redobrada para crer que me responderás.

Oração da intercessora

*Tive muito medo por causa da ira ardente do
Senhor, que ameaçava destruir vocês. Mais uma vez,
porém, o Senhor me ouviu. O Senhor estava tão
irado com Arão que também queria destruí-lo,
mas eu também orei em favor de Arão.*
Deuteronômio 9.19-20

Deus, ajuda-me a ser uma de tuas fiéis e poderosas
intercessoras. Ajuda-me a não me concentrar em
mim e em minha situação a ponto de não ver a necessidade dos outros, nem de orar por eles. Dá-me
firmeza de fé para crer que minhas orações podem
fazer grande diferença na vida das pessoas por quem
intercedo. Mostra-me quais carecem de oração hoje,
e como devo orar especificamente por elas.

Deus está com você

*Quando saírem para lutar contra seus inimigos e
enfrentarem cavalos e carros e um exército maior
que o seu, não tenham medo. O S<small>ENHOR</small>, seu Deus,
que os tirou da terra do Egito, está com vocês!*
Deuteronômio 20.1

Deus todo-poderoso, confio em ti para guiar-me
em todas as dificuldades e batalhas em minha vida.
Ensina-me a não agir com medo diante de situações aparentemente impossíveis de ser solucionadas. Assim como me ajudaste no passado, sei que
continuarás a acompanhar-me no futuro. Louvo-te pelas obras grandiosas que farás, e te agradeço
porque tua presença está sempre comigo.

Louve o Senhor por sua grandeza

Proclamarei o nome do Senhor; exaltemos o nosso Deus! Ele é a Rocha, e suas obras são perfeitas; tudo que ele faz é certo. É um Deus fiel, que nunca erra, é justo e verdadeiro!
Deuteronômio 32.3-4

Pai amado, louvo-te por tua grandeza e bondade. Adoro-te porque és o Deus da criação e Senhor de minha vida. Exalto teu nome nos dias bons e também nos dias maus. Obrigada por demonstrares amor por mim, protegendo-me, sustentando-me, libertando-me e dando-me tua paz e poder. És maior que tudo o que está diante de mim.

Deus é seu refúgio

*Não há ninguém como o Deus de Jesurum! Ele cavalga
pelos céus para ajudá-los, e monta as nuvens com
majestoso esplendor. O Deus eterno é seu refúgio, e seus
braços eternos os sustentam. [...] Como você é feliz, ó
Israel! Quem é como você, povo salvo pelo SENHOR?
Ele é seu escudo protetor e sua espada triunfante!*
Deuteronômio 33.26-27,29

Senhor, tu és grande e não há outro Deus além de
ti. És meu porto seguro onde me refugio na tempestade. Ajuda-me a encontrar descanso em ti,
pois guerreias contra todas as forças que se opõem
a mim. Em qualquer batalha que eu enfrentar —
com finanças, relacionamentos, saúde ou obediência —, sei que nunca estarei sozinha, porque estás
presente em minha vida. Dependo da tua força,
não da minha.

Procurando fazer a vontade de Deus

Relembre continuamente os termos deste Livro da Lei. Medite nele dia e noite, para ter certeza de cumprir tudo que nele está escrito. Então você prosperará e terá sucesso em tudo que fizer.

Josué 1.8

Amado Deus, oro para que, todas as vezes que eu ler tua Palavra, me ensines tudo o que necessito saber. Ajuda-me a entender tua verdade, e mostra-me especificamente como cada passagem que leio se relaciona à minha vida e à vida de outras pessoas. Leva-me a meditar em tua Palavra e a dar passos de obediência, de modo que eu possa viver em tua perfeita vontade e prosperar, conforme prometeste.

À procura de um demolidor de muros

Quando o povo ouviu o som das trombetas, gritou com toda a força. De repente, o muro de Jericó veio abaixo. O povo atacou a cidade, cada um do ponto onde estava, e a tomou.

Josué 6.20

Deus Pai, dependo de ti para ajudar-me a transpor os obstáculos em minha vida. Ensina-me a proferir tua Palavra com poder enquanto enfrento cada problema por meio da oração. Elevo um cântico de louvor a ti diante das circunstâncias impossíveis porque és o Deus do impossível. Independentemente do que se levantar contra mim, teu poder é mais que suficiente para demoli-lo a fim de que eu alcance a vitória.

Obstáculos à oração

Mas o Senhor disse a Josué: "Levante-se! Por que você está prostrado com o rosto no chão? Israel pecou e quebrou a minha aliança!".
Josué 7.10-11

Senhor, sei que minhas orações não terão nenhum efeito se tenho em minha vida algum pecado não confessado a ti e do qual não tenha me arrependido. Revela-me se há algum pecado que esteja escondido e eu o confessarei, para que nada interfira em nosso relacionamento. Não quero que haja nenhum empecilho às minhas orações, e não quero erigir nenhum obstáculo diante de tudo o que desejas fazer em minha vida.

Consultando o Senhor

*Os israelitas examinaram as provisões deles,
mas não consultaram o Senhor a respeito.*

Josué 9.14

Pai, oro para que me ajudes a não agir por conta própria, tentando fazer o que *penso* ser o certo. Em vez disso, desejo consultar-te a respeito de tudo, para que eu faça aquilo que *sei* que é o correto. Ajuda-me a não cair nas armadilhas que o inimigo armou para mim, quando me esqueço de consultar-te a respeito de tudo — até mesmo das coisas que, a meu ver, sou capaz de resolver sozinha. Ensina-me a orar a respeito de tudo e a buscar tua orientação em todos os assuntos.

Tenha uma comunhão pessoal com Deus

*Por isso, a ira do S*ENHOR *ardeu contra Israel. Disse ele: "Uma vez que este povo violou a minha aliança, que fiz com seus antepassados, e não me deu ouvidos, não expulsarei mais as nações que Josué deixou por conquistar quando morreu".*
Juízes 2.20-21

Deus bondoso, não quero jamais distanciar-me de ti por não ter dedicado tempo à leitura de tua Palavra e à oração. Quero estar cada vez mais perto de ti e andar sempre contigo. Ajuda-me a conhecer-te melhor e a ser mais e mais semelhante a ti. Capacita-me a resistir à tentação, ao pecado ou à preguiça. Ensina-me a ouvir tua voz falando diretamente a mim, para que eu tenha uma experiência renovada e mais profunda contigo todos os dias.

Deus liberta

Mas, quando os israelitas pediram socorro ao Senhor, ele levantou um libertador para salvá-los. Chamava-se Otoniel, filho de Quenaz. [...] Mas, quando os israelitas pediram socorro ao Senhor, ele levantou um libertador para salvá-los. Chamava-se Eúde, homem canhoto, filho de Gera.

Juízes 3.9,15

Querido Deus, suplico que me libertes de qualquer fortaleza que o inimigo tenha construído em minha vida com propósito de me destruir. Obrigada porque pagaste o preço de minha liberdade e continuas a libertar-me todos os dias. Eu te engrandeço, te exalto e te louvo como meu Salvador e Libertador. Sou grata porque, quando clamo a ti, me libertas.

Confissão e arrependimento

*Mas os israelitas suplicaram ao Senhor: "Sim, pecamos!
Castiga-nos como te parecer melhor, mas livra-nos hoje
de nossos inimigos". Então eles se desfizeram dos deuses
estrangeiros e serviram ao Senhor. E ele teve compaixão
deles por causa de seu sofrimento.*
Juízes 10.15-16

Amado Deus, não quero que nada me separe de ti. Nada é mais valioso que tua presença. Quero confessar-te todos os meus erros e tudo o que não agrada os teus olhos. Se tenho adorado outros deuses, ou abrigado qualquer espécie de ídolo em minha vida, peço-te que me reveles esse pecado para que eu o confesse, me arrependa dele e o abandone. Quero servir apenas a ti.

Conheça a fonte

*O jovem respondeu: "Fiz um acordo com Mica, e
ele me contratou como seu sacerdote pessoal". Então
eles disseram: "Pergunte a Deus se nossa viagem será
bem-sucedida". "Vão em paz", respondeu o sacerdote.
"O Senhor está cuidando de sua viagem."*
Juízes 18.4-6

Senhor, recorro a ti em busca de sabedoria, direção
e orientação. Se tiver de pedir conselho a outra pessoa, ajuda-me a discernir se ela fala com conhecimento de tua Palavra ou não. Ensina-me a sempre
confrontar o ponto de vista de outras pessoas com
tua Palavra. Quero que sejas minha fonte suprema
de todo conhecimento. Quero estar certa de que o
caminho em que ando conta com tua aprovação.

Tome cuidado com o que você pede

*Por fim, as autoridades de Israel se reuniram em Ramá
para discutir essa questão com Samuel. Eles disseram:
"Olhe, o senhor está idoso e seus filhos não seguem seu
exemplo. Escolha um rei para nos julgar, como ocorre
com todas as outras nações".*
1Samuel 8.4-5

Ajuda-me, Espírito Santo de Deus, a andar em teus
caminhos. Fala comigo quando leio tua Palavra,
para que eu cresça em conhecimento. Capacita-me
a orar com poder, e de acordo com aquilo que te
agrada. Obrigada pelas vezes em que orei pedindo
algo e não me concedeste, porque estavas me guardando
no caminho certo. Ensina-me a não buscar
o que as outras pessoas possuem, mas a querer
apenas aquilo que *tu* tens para mim.

Ofereça o dom da oração

Quanto a mim, certamente não pecarei contra o
Senhor, *deixando de orar por vocês. Continuarei a*
lhes ensinar o que é bom e correto.
1Samuel 12.23

Senhor, oro para que cada membro de minha família e todos os meus amigos e conhecidos sejam abençoados com paz, saúde, sustento e maior conhecimento de ti e de tua Palavra. Ajuda-me a não ser egoísta e a não ter preguiça de orar. Mostra-me especificamente quem mais necessita de minhas orações. Que eu nunca peque contra ti por ter deixado de orar pelas pessoas que colocaste em minha vida.

Deus vê o coração

O Senhor, porém, disse a Samuel: "Não o julgue pela aparência nem pela altura, pois eu o rejeitei.
O Senhor não vê as coisas como o ser humano as vê. As pessoas julgam pela aparência exterior, mas o Senhor olha para o coração".
1Samuel 16.7

Amado Senhor, sou grata porque não me julgas como as pessoas julgam. Obrigada porque olhas dentro de meu coração para ver meus pensamentos, minhas atitudes e meu amor por ti. Não me olhas para ver se sou bem-sucedida ou atraente. Mostra-me tudo o que há em meu coração que não deve estar ali, e eu confessarei esse pecado diante de ti. Afasta-me de todos os desejos egoístas e pecaminosos e enche-me o coração com teu amor, paz e alegria. Dá-me um coração que te agrade.

Quando Deus não responde

Consultou o SENHOR a respeito do que deveria fazer, mas o SENHOR não lhe respondeu, nem por sonhos, nem pelo Urim, nem por profetas.
1Samuel 28.6

Deus, agradeço-te porque sempre ouves minhas orações. Dá-me paciência para aguardar as respostas que virão, de acordo com tua vontade e em teu tempo perfeito. Dá-me paz para aceitar tua resposta — mesmo que seja negativa. Ajuda-me a nunca me apossar da situação e tentar fazer algo que não seja de tua vontade. Confio que sempre sabes o que é melhor para mim.

Quando Deus dá instruções específicas

Então Davi perguntou ao Senhor: "Devo sair e lutar contra os filisteus? Tu os entregarás em minhas mãos?". O Senhor respondeu a Davi: "Sim, vá, pois eu certamente os entregarei em suas mãos".
2Samuel 5.19

Senhor, não quero dar nenhum passo nem tomar qualquer decisão sem que me conduzas. Sei que cuidas de cada detalhe de minha vida e queres guiar-me no caminho por onde devo andar. Leva embora minha paz se eu decidir afastar-me de teu caminho, no qual reservastes a maior bênção para minha vida. Instrui-me para que nunca me desvie de tua perfeita vontade.

Quando Deus diz não

Vá dizer a meu servo Davi que assim diz o Senhor:
"Acaso cabe a você construir uma casa para eu habitar?
[...] Pois, quando você morrer e for sepultado com
seus antepassados, escolherei um de seus filhos, de sua
própria descendência, e estabelecerei seu reino. Ele é que
construirá uma casa para meu nome, e estabelecerei seu
trono para sempre".
2Samuel 7.5,12-13

Amado Senhor, assim como teu servo Davi quis construir teu templo, mas lhe disseste não, ajuda-me a aceitar tuas respostas às minhas orações, mesmo quando a resposta não for a que eu queria. Capacita-me a entender sempre a tua vontade, principalmente quando a instrução não for a que eu esperava. Sou grata porque sabes o que é melhor para mim e me impedirás de buscar coisas que não devo.

A areia movediça
da tentação

Certa tarde, Davi se levantou da cama depois de
seu descanso e foi caminhar pelo terraço do palácio.
Enquanto olhava do terraço, reparou numa mulher
muito bonita que tomava banho. Davi mandou
alguém descobrir quem era a mulher. Disseram-lhe:
"É Bate-Seba, filha de Eliã e esposa de Urias, o hitita".
2Samuel 11.2-3

Querido Deus, oro para que me ajudes a resistir à tentação desde o momento em que deparar com ela. Ajuda-me a *aproximar-me* mais de ti quando algo tentar *afastar-me* de ti. Livra-me da armadilha da tentação antes que eu caia nela. Dá-me a força, a sabedoria e o conhecimento de que necessito para resistir completamente à tentação em todo tempo.

A importância
da confissão

Depois que Davi fez o censo, sua consciência começou a incomodá-lo. Ele disse ao SENHOR: "Pequei grandemente ao fazer essa contagem. Perdoe meu pecado, ó SENHOR, pois cometi uma insensatez".

2Samuel 24.10

Senhor, oro para que me apontes os pecados em minha vida, a fim de que os confesse a ti. Não quero que uma consciência culpada enfraqueça minha caminhada contigo, ou iniba minhas orações por eu estar envergonhada de me apresentar a ti com confiança. Ajuda-me a ter sempre um coração arrependido diante de ti, a fim de que eu me afaste rapidamente do pecado. Livra-me de cometer loucuras.

Humilhe-se na presença dele

Contudo, será possível que Deus habite na terra?
Nem mesmo os mais altos céus podem contê-lo,
muito menos este templo que construí!
1Reis 8.27

Amado Pai, eu te agradeço por tua presença em minha vida. Sou grata porque habitas dentro de mim por meio de teu Santo Espírito, e por isso me humilho diante de ti. Ajuda-me a nunca ser cheia de orgulho, mas a receber uma porção cada vez maior de ti todos os dias. Quero sentir tua presença, principalmente quando leio tua Palavra, oro e vivo em obediência aos teus preceitos.

Coloque Deus acima de tudo

Quando Salomão era idoso, elas o induziram a adorar outros deuses em vez de ser inteiramente fiel ao Senhor, seu Deus, como seu pai, Davi, tinha sido.
1Reis 11.4

Deus, oro para que meu tesouro esteja sempre em ti, não em meus bens materiais ou nas diversões deste mundo. Não quero jamais idolatrar alguém ou algum objeto, nem colocar um ídolo diante de ti. Rendo-te toda honra e gratidão por todas as coisas boas que me concedes. Tu és meu maior desejo, e te coloco acima de tudo em minha vida.

Oração de esperança

"Ó Senhor, responde-me! Que este povo saiba que tu, ó Senhor, és o verdadeiro Deus e estás buscando o povo de volta para ti!" No mesmo instante, fogo do Senhor desceu do céu e queimou o novilho, a madeira, as pedras e o chão, e secou até a água da valeta.
1Reis 18.37-38

Querido Deus, oro para que me ajudes a ter grande fé para crer que farás coisas maravilhosas em resposta às minhas orações. Tua Palavra fala das coisas magníficas e dos milagres que fizeste em benefício de teu povo. Sei que és o mesmo hoje e no futuro, como foste no passado. Volta meu coração para ti, de modo que minhas expectativas estejam sempre concentradas em tua bondade.

Deus derramará a porção exata que você pode receber

Então Eliseu disse: "Tome emprestadas muitas vasilhas de seus amigos e vizinhos, quantas conseguir. Depois, entre em casa com seus filhos e feche a porta. Derrame nas vasilhas o azeite que você tem e separe-as quando estiverem cheias".

2Reis 4.3-4

Pai celestial, dá-me uma visão de tudo o que desejas fazer em minha vida. Ajuda-me a não ter pensamentos pequenos, mesmo quando oro. Quero estar disponível e aceitar tudo o que tens para mim, sem limitar tuas bênçãos por estar despreparada para recebê-las. Amplia meu coração e mente para eu entender que podes lançar mão do que tenho e expandi-lo além do que posso imaginar. Derrama em mim tudo o que eu for capaz de receber.

Abre meus olhos, Senhor

Então Eliseu orou: "Ó SENHOR, abre os olhos dele, para que veja". O SENHOR abriu os olhos do servo, e ele viu as colinas ao redor de Eliseu cheias de cavalos e carruagens de fogo. Quando os sírios avançaram na direção de Eliseu, ele orou: "Ó SENHOR, faze que fiquem cegos". E o SENHOR fez que ficassem cegos, conforme Eliseu havia pedido.
2Reis 6.17-18

Deus todo-poderoso, oro para que me abras os olhos para ver a verdade acerca de minha situação. Dá-me entendimento claro — especialmente quando estou enfrentando o inimigo — de tudo o que estás fazendo nessas circunstâncias. Ajuda-me a confiar em tua mão protetora. Capacita-me a ver as situações sob tua perspectiva, para que eu permaneça firme. Ensina-me a orar de acordo com tua vontade.

Um coração não dividido

Esses novos habitantes adoravam o Senhor, mas
também nomeavam qualquer pessoa como sacerdote
para oferecer sacrifícios nos lugares de culto.
E, embora adorassem o Senhor, continuavam
a seguir seus próprios deuses, de acordo com
os costumes de suas nações de origem.
2Reis 17.32-33

Querido Deus, oro para que me livres de ter um coração dividido. Não quero enfraquecer minha lealdade a ti, dedicando-me aos falsos deuses deste mundo. Ajuda-me a permanecer perto de ti por meio de oração constante e fervorosa. Une meu coração ao teu, para que ele nunca se separe de ti.

Lembra-te de mim, Senhor

Quando Ezequias ouviu isso, virou o rosto para a parede e orou ao Senhor: "Ó Senhor, lembra-te de como sempre te servi com fidelidade e devoção, e de como sempre fiz o que é certo aos teus olhos".
2Reis 20.2-3

Senhor, tu és o Deus que me cura e liberta. Em tempos de doença, sofrimento ou aflição, oro para que te lembres de mim e me cures de tudo o que ameaça encurtar minha vida ou dar fim a ela. Ajuda-me a te servir por mais tempo e com mais eficiência, e a não sucumbir aos planos do inimigo de destruir minha vida. Lembra-te de mim com teu dom de saúde plena e renovada.

Aprenda a orar com ousadia

Volte a Ezequias, líder de meu povo, e diga-lhe: Assim diz o Senhor [...]: Ouvi sua oração e vi suas lágrimas [...]. Acrescentarei quinze anos à sua vida.
2Reis 20.5-6

Senhor, sei que és o Deus de milagres e nada é impossível para aqueles que oram no poder de teu Espírito. Ajuda-me a orar com ousadia e a crer nos milagres que acontecerão em resposta às minhas orações. Ensina-me a não orar pedindo coisas pequenas. Não quero que a pequenez de minhas preces limitem os planos que tens para minha vida e para a vida das pessoas por quem oro.

Tenha coragem de pedir

Jabez orou ao Deus de Israel: "Ah, como seria bom se me abençoasses e expandisses meu território! Sê comigo em tudo que eu fizer e guarda-me de todo mal e aflição!". E Deus atendeu a seu pedido.

1Crônicas 4.10

Deus, eu te agradeço por tudo o que me tens dado. Oro para receber de ti bênçãos, provisão e proteção contínuas. Obrigada porque te agradas de compartilhar tua presença e teu reino comigo. Oro para que estejas ao meu lado por onde quer que eu vá e em quaisquer circunstâncias. Capacita-me a ajudar e abençoar outras pessoas como prova de meu agradecimento.

Ore antes de agir

Os filisteus chegaram e invadiram o vale de Refaim.
Então Davi perguntou a Deus: "Devo sair e lutar
contra os filisteus? Tu os entregarás em minhas mãos?".
O Senhor respondeu a Davi: "Sim, vá, pois
eu certamente os entregarei em suas mãos".
1Crônicas 14.9-10

Amado Senhor, ajuda-me a sempre consultar-te antes de agir. Não quero supor que, por já teres me instruído antes, me guiarás da mesma maneira todas as vezes que eu estiver diante de situações semelhantes. Não quero pensar equivocadamente que tenho todas as respostas, porque só tu tens todas as respostas para minha vida. Capacita-me a lembrar-me de buscar tua orientação em tudo o que faço.

Deus faz mais do que você pode imaginar

E agora, ó SENHOR, sou teu servo; faze o que prometeste a meu respeito e de minha família. Confirma-o como uma promessa que durará para sempre. Que o teu nome seja estabelecido e honrado para sempre, a fim de que todos digam: "O SENHOR dos Exércitos, o Deus de Israel, é Deus para Israel". E que a dinastia de teu servo Davi permaneça diante de ti para sempre.
1Crônicas 17.23-24

Pai querido, confesso as decepções que senti quando minhas orações não foram respondidas da maneira que eu desejava. Sei que minha maior bênção virá, porque tua vontade será feita em minha vida. Sei também que teus planos para mim são muito maiores do que consigo imaginar. Perdoa-me pelas vezes em que não confiei que isso fosse verdade. Firma meus passos no caminho que tens para mim.

Arrependa-se diante de Deus em oração

Davi disse a Deus: "Fui eu que ordenei o censo!
Eu pequei e fiz o que era mau! Mas o povo é inocente,
como ovelhas. O que fizeram? Ó Senhor, meu Deus,
que tua ira caia sobre mim e minha família,
mas não castigue teu povo!".
1Crônicas 21.17

Deus, leio em tua Palavra as consequências terríveis do orgulho. Não quero sofrer essas consequências em minha vida e, acima de tudo, não quero que minha família sofra por causa de meu pecado. Revela se existe orgulho em mim, para que eu me arrependa dele e o confesse diante de ti imediatamente. Ajuda-me a ter sempre um coração humilde, para que eu viva conforme o teu querer.

O poder de louvar o Senhor

Riqueza e honra vêm somente de ti, pois tu governas sobre tudo. Poder e força estão em tuas mãos, e cabe a ti exaltar e dar força. Ó nosso Deus, damos graças e louvamos teu nome glorioso!
1 Crônicas 29.12-13

Pai celestial, eu te agradeço e te louvo por tudo o que me tens concedido. Ajuda-me a exaltar-te sempre de todo o coração, da mesma maneira que te exalto quando recebo tuas bênçãos. Quero oferecer com alegria tudo o que tenho. Ensina-me a não valorizar meus bens materiais mais do que valorizo a ti e às tuas leis. Capacita-me a ter um coração generoso como tu desejas, a começar por minha adoração a ti.

Pedindo a presença e o perdão de Deus

Ó meu Deus, olha e ouve atentamente todas as orações feitas a ti neste lugar. E, agora, levanta-te, ó SENHOR Deus, e entra neste teu lugar de descanso, junto à arca, o símbolo do teu poder. Estejam teus sacerdotes, ó SENHOR Deus, vestidos de salvação; alegrem-se teus servos leais em tua bondade.

2Crônicas 6.40-41

Deus santo, não há nada mais importante que tua presença em minha vida. Ajuda-me a ser um templo no qual teu Espírito possa habitar. Perdoa todos os meus pecados e purifica-me o coração de toda injustiça. Nada é mais reconfortante para mim que saber que estás comigo em quaisquer circunstâncias de minha vida. Eu me alegro por tua bondade inabalável em meu favor.

Por que precisamos orar por nosso país

Então, se meu povo, que se chama pelo meu nome,
humilhar-se e orar, buscar minha presença e afastar-se
de seus maus caminhos, eu os ouvirei dos céus, perdoarei
seus pecados e restaurarei sua terra.
2Crônicas 7.14

Senhor querido, venho humildemente à tua presença para confessar os pecados de minha nação. Oro para que nós, povo deste país, nos afastemos dos maus caminhos e busquemos tua face, para que ouças nossas orações, perdoes nossos pecados e cures nossa terra. Necessitamos desesperadamente de tua bênção e proteção sobre esta nação. Derrama teu Santo Espírito em nós e tua justiça no coração do povo.

Mova-se no poder de Deus

Os olhos do SENHOR passam por toda a terra para mostrar sua força àqueles cujo coração é inteiramente dedicado a ele.
2Crônicas 16.9

Deus soberano, sou grata porque estendeste teu poder a mim. Tu me defendeste inúmeras vezes com tua mão poderosa. Por teu grande e imenso poder, me salvaste e redimiste. Tu tens me libertado, protegido e sustentado, e sei que continuarás a fazê-lo. Com tua palavra poderosa, sustentas todas as coisas (Hb 1.3). Obrigada porque, por seres todo-poderoso, nada é impossível para ti. Recuso-me, portanto, a sentir desânimo ou medo diante de qualquer situação em minha vida. Não confiarei na sabedoria do homem, mas confiarei em ti e em tua perfeita sabedoria e teu poder.

A liberdade pode estar apenas a um passo da oração

Quando os comandantes dos carros de guerra sírios
viram Josafá em seus trajes reais, foram atrás dele.
"É o rei de Israel!", disseram. Contudo, Josafá clamou,
e o Senhor o salvou. Deus o ajudou e afastou
dele seus inimigos.
2Crônicas 18.31

Senhor, oro para que fortaleças minha fé, a fim de que eu não desista de orar quando estiver no meio da batalha contra o inimigo. Entendo que a próxima oração que eu fizer poderá me libertar totalmente das fortalezas que o inimigo está tentando erguer em minha vida. Capacita-me a permanecer firme na oração e no louvor, dando graças a ti porque tua presença traz libertação e poder.

Mesmo quando não agimos corretamente

A maioria dos que vieram de Efraim, Manassés, Issacar e Zebulom não havia se purificado. Mas o rei Ezequias orou por eles e foi permitido que comessem a refeição pascal, embora isso fosse contrário aos requisitos da lei. Pois Ezequias orou: "Que o S<small>ENHOR</small>, que é bondoso, perdoe aqueles que resolveram buscar o S<small>ENHOR</small>, o Deus de seus antepassados, mesmo que não estejam devidamente purificados conforme os padrões do santuário". E o S<small>ENHOR</small> ouviu a oração de Ezequias e perdoou o povo.
2Crônicas 30.18-20

Deus, obrigada porque, mesmo quando não ajo corretamente, tu vês em meu coração que não é esse meu desejo e me abençoas. Sou grata porque ignoras minhas imperfeições e vês apenas as qualidades perfeitas de teu Filho Jesus gravadas em meu coração. Ajuda-me a viver em teus caminhos, para que tudo o que fizer seja agradável a ti, e eu receba a cura de que necessito.

Deus está do seu lado

"Sejam fortes e corajosos! Não tenham medo nem desanimem por causa do rei da Assíria e de seu exército poderoso, pois um poder muito maior está do nosso lado! Ele tem um grande exército, mas são apenas homens. Nós, porém, temos o SENHOR, nosso Deus, para nos ajudar e lutar nossas batalhas!" As palavras de Ezequias deram grande ânimo a seu povo.

2Crônicas 32.7-8

Obrigada, Senhor, porque estás comigo em todas as batalhas que enfrento. Não tenho medo do que vier contra mim, pois tu és maior e mais poderoso. Peço-te que estejas do meu lado nas lutas deste dia. Louvo-te por tua soberania em meio a tudo o que parece grande e ameaçador em minha vida. Eu te adoro em meio ao ataque violento do inimigo contra mim.

Louve o Senhor por seu amor

Com louvores e ação de graças, entoaram este cântico ao Senhor: "Ele é bom! Seu amor por Israel dura para sempre!". Então todo o povo louvou o Senhor em alta voz, pois haviam sido lançados os alicerces do templo do Senhor.
Esdras 3.11

Pai celeste, louvo teu nome. Tu és poderoso e estás acima de todas as coisas. Tua presença e teu amor em minha vida são maiores que qualquer medo que eu venha a sentir. Sei que minha fé em ti e em tua Palavra dominará toda insegurança. Com tua ajuda, não focarei os problemas. Pelo contrário, te louvarei por tua bondade. Obrigada porque tu me amas.

A disciplina do jejum

Assim, jejuamos e pedimos com fervor que nosso
Deus cuidasse de nós, e ele atendeu à nossa oração.
Esdras 8.23

Senhor amado, ajuda-me a jejuar e a orar rotinei-
ramente. Mostra-me qual deve ser a frequência e a
duração do jejum, e dá-me forças para cumpri-lo
até o fim. A cada jejum, leva-me a orar com poder
sobre as questões de minha vida e as situações de
meu mundo. Quero negar a carne para poder exaltar-te acima de tudo em minha vida.

Respostas
imerecidas à oração

*Tudo que nos aconteceu é castigo de nossa maldade
e de nossa grande culpa. Ainda assim, recebemos
um castigo muito menor do que merecíamos,
pois tu, nosso Deus, permitiste que alguns de nós
sobrevivêssemos como um remanescente.*

Esdras 9.13

Amado Senhor, obrigada porque ouves minhas orações e respondes a elas, não de acordo com a minha bondade, mas de acordo com a tua. Ajuda-me a rejeitar tudo o que me tire o ânimo de recorrer a ti em oração, principalmente quando sinto não merecer teu cuidado e tua bênção. Apresento-me diante de ti por inteiro, porque és cheio de graça e misericórdia.

Seja vigilante na oração

*Mas nós oramos a nosso Deus e colocamos guardas
na cidade de dia e de noite para nos proteger.*

Neemias 4.9

Querido Deus, oro para que me ajudes a ser vigilante na oração, a fim de estar sempre consciente do que devo fazer, e também ser capaz de entender com clareza o que *não* devo fazer. Ajuda-me a orar sem cessar, para me proteger contra os planos do inimigo. Oro para que coloques guardas ao meu redor para livrar-me daquilo que não sou capaz de ver.

Agradeça a Deus por sua misericórdia

Em tua grande misericórida, porém, não os destruíste
completamente nem os abandonaste para sempre.
Que Deus bondoso e compassivo tu és!

Neemias 9.31

Pai bondoso, estou consciente de que recebo tua misericórdia todos os dias. Obrigada porque nunca me julgas de acordo com meus merecimentos. Tua graça estendida a mim vai além da compreensão humana. Obrigada porque nunca me abandonarás. Ajuda-me também a jamais te abandonar. Oro para que minha atitude seja sempre correta perante ti, e que eu sempre dê o devido valor à tua misericórdia.

O poder do jejum e da oração

Vá, reúna todos os judeus de Susã e jejuem por mim.
Não comam nem bebam durante três dias e três noites.
Minhas criadas e eu faremos o mesmo. Depois, irei
à presença do rei, mesmo que seja contra a lei. Se eu
tiver de morrer, morrerei.

Ester 4.16

Senhor, oro para que me ajudes a ser uma pessoa como Ester, cujo coração sempre foi para ti e para teus caminhos, uma pessoa que esteja no lugar certo na hora certa. Quando eu jejuar e orar, capacita-me a exercer um efeito poderoso sobre o mundo que me cerca, defendendo o que é certo e seguindo tua direção. Torna minhas orações poderosas a ponto de salvar a vida das pessoas por quem intercedo.

Louvando ao Senhor nos tempos bons e maus

Então Jó se levantou e rasgou seu manto. Depois, raspou a cabeça, prostrou-se com o rosto no chão em adoração e disse: "Saí nu do ventre de minha mãe, e estarei nu quando partir. O Senhor me deu o que eu tinha, e o Senhor o tomou. Louvado seja o nome do Senhor!".

Jó 1.20-21

Amado Deus, eu te louvo em todas as circunstâncias de minha vida — nos tempos bons e nos tempos maus. Mesmo que esteja enfrentando perda, decepção, enfermidade ou fracasso, exalto-te porque sei que, todas as vezes que faço isso, tu trabalhas poderosamente em minha situação e teu nome é glorificado. Ajuda-me a não desanimar em meio a uma batalha.

Enfrentando seus medos

O que sempre temi veio sobre mim, o que tanto receava me aconteceu. Não tenho paz, nem sossego; não tenho descanso, só aflição.

Jó 3.25-26

Senhor, apresento diante de ti meus maiores medos e peço-te que me libertes deles. Livra-me de todo pavor e ansiedade que me assustam. Obrigada porque, em tua presença, todo pavor e ansiedade desaparecem. Obrigada porque, em teu perfeito amor, todo medo em mim se dissolve. Tu és maior que tudo o que eu venha a enfrentar.

Saiba que Deus está com você

*O que é o ser humano, para que lhe dês tanta
importância e penses nele com tanta atenção?
Pois o examinas todas as manhãs e o pões à
prova a cada instante.*
Jó 7.17-18

Pai celestial, é difícil entender a profundidade de
teu amor por mim e por que te preocupas com
os detalhes de minha vida. Sou grata por estares
comigo nos tempos difíceis, caminhando a meu
lado o tempo todo, até o fim do sofrimento e da
inquietação. Se te culpei por algo mau que tenha
ocorrido em minha vida, peço-te perdão. Obrigada
porque ages em todas as coisas para meu bem.

Paz no sofrimento

Isso é apenas o começo de tudo que ele faz, um mero sussurro de sua força; quem pode compreender o trovão de seu poder?

Jó 26.14

Deus altíssimo, teu poder vai além da compreensão humana. Tenho dificuldade em entender a grandeza inatingível de tua restauração e redenção em minha vida. Ajuda-me a jamais duvidar de ti e de tua capacidade de me restaurar e redimir. Ensina-me a ter fé inabalável em tempos difíceis, a ponto de eu descansar em paz, sabendo que cuidarás de tudo aquilo com que me preocupo.

Encontrando um cântico no meio da noite

E, no entanto, não perguntam: "Onde está Deus, meu Criador, aquele que me dá canções durante a noite?".
Jó 35.10

Senhor, tua Palavra diz que, quando te buscamos, fazes surgir cânticos de noite. Quando minha alma estiver atravessando uma noite escura, oro para que ilumines a escuridão com tua presença. Diante da situação mais sombria de minha vida, elevo cânticos de louvor a ti, sabendo que tua presença estará comigo. Tua luz em mim significa que nunca viverei em trevas.

Deus ouve quando você clama a ele

Estejam certos disto: O Senhor separa o fiel para si; o Senhor responderá quando eu clamar a ele.
Salmos 4.3

Obrigada, meu Pai, porque sou tua filha, escolhida para glorificar-te, e porque ouves minhas orações. Quando eu orar, ajuda-me a ter a paz de saber que ouves minha oração e a atendes de acordo com tua vontade e em teu tempo perfeito. Mostra-me se existe algo em minha vida que venha a se transformar numa barreira entre ti e mim e seja responsável por minhas orações não serem respondidas.

O louvor é sua arma mais poderosa

Eu te louvarei, SENHOR, de todo o meu coração; anunciarei as maravilhas que fizeste. [...] Aquele que vinga o sangue derramado não se esquece dos aflitos; ele não ignora seu clamor.

Salmos 9.1,12

Obrigada, Deus, porque nunca te esqueces de mim. Sempre te lembras de mim e de minha situação, e nunca menosprezas meu clamor quando necessito de ti. Eu te louvo nas lutas que enfrento, sabendo que a adoração a ti é minha arma mais poderosa contra o inimigo de minha alma. Ajuda-me a sobreviver aos ataques do inimigo e, acima de tudo, a repeli-lo e esmagá-lo.

Confie em Deus como seu protetor

Vi a violência cometida contra os indefesos e ouvi o gemido dos pobres. Agora me levantarei para salvá-los, como eles tanto desejam.

Salmos 12.5

Senhor, sou grata por todas as vezes que me protegeste de calamidades. Tenho certeza de que me livraste inúmeras vezes de perigos dos quais eu nem me dei conta. Oro para que me protejas sempre, e que minha reputação não seja manchada por alguém que tente me destruir. Obrigada porque ouves minhas preces por proteção e prometeste me guardar em segurança.

Recuse-se a desistir

Louvarei o Senhor, que me guia; mesmo à noite
meu coração me ensina. Sei que o Senhor está
sempre comigo; não serei abalado, pois
ele está à minha direita.
Salmos 16.7-8

Deus forte, minha esperança está em ti, e sei que nunca falharás comigo. Obrigada porque tua restauração é contínua em mim. Sou grata por ser tua filha e porque me deste um propósito na vida. Sou grata pelo grande futuro que tens para mim porque me amas. Obrigada porque nunca estou sozinha (Mt 28.20). Ajuda-me a não pensar em desistir quando a situação se tornar difícil. Quero sempre me lembrar de que, mesmo em tempos maus, tu me levarás a perseverar. Livra-me do desânimo em tempos de espera. Sei que teu tempo é perfeito e que teu modo de agir é certo.

Perseverando em oração

Tu me armaste fortemente para a batalha;
ajoelhaste meus inimigos diante de mim.
Salmos 18.39

Senhor, sou grata porque me deste a força de que necessito para a batalha que se aproxima. Ajuda-me a subjugar meus inimigos a ponto de destruí-los. Ensina-me a perseverar em oração e a não me deixar abater. Capacita-me a orar ao longo de cada situação até que eu veja minha vitória sobre todos os meus opositores. Obrigada porque estás sempre comigo, agindo em meu favor.

No centro da vontade divina

Que ele conceda os desejos do seu coração e lhe dê sucesso em todos os seus planos.
Salmos 20.4

Deus, entrego meu trabalho a ti. Oro para estar no centro de tua vontade em tudo o que fizer, e que eu realize bem minhas tarefas. Oro para que tudo o que faço seja agradável a ti e àqueles para quem e com quem trabalho. Confirma a obra de minhas mãos para tua alegria e glória. Ajuda-me a entender qual é a esperança de meu chamado (Ef 1.17-18). Capacita-me a permanecer firme e forte, e a sempre trabalhar com entusiasmo, sabendo que, em ti, meu trabalho não será inútil — desde que venha *de* ti e seja feito *para* ti (1Co 15.58).

Seu Pai celestial quer ouvi-la

*Mesmo que meu pai e minha mãe me abandonem,
o Senhor me acolherá.*
Salmos 27.10

Querido Pai celestial, eu te agradeço porque nunca me abandonarás nem me desampararás. Obrigada porque sempre me aceitas. Sou grata por teu amor, orientação e consolo. Mostra-me se existe em meu coração alguma ofensa cometida por meus pais que ainda não perdoei e que me deixou abatida. Quero honrar-te e, para isso, honrarei meus pais, perdoando-os completamente. Obrigada porque sempre ouves minhas orações da mesma forma que um pai terreno ouve o filho.

A bênção da confissão

*Finalmente, confessei a ti todos os meus pecados e
não escondi mais a minha culpa. Disse comigo:
"Confessarei ao Senhor a minha rebeldia",
e tu perdoaste toda a minha culpa.*
Salmos 32.5

Amado Senhor, não quero que nada me separe
de ti e do que tens reservado para mim — principalmente por não ter confessado meu pecado.
Não quero erguer um muro entre nós, deixando
de reconhecer algo que pensei, disse ou fiz que
não foi de teu agrado. Se eu estiver cega demais,
a ponto de não enxergar a verdade acerca de mim
mesma, revela-me esse pecado para que eu o confesse diante de ti.

Viva na liberdade que Deus tem para você

Pois és meu esconderijo; tu me guardas da aflição e me cercas de cânticos de vitória.

Salmos 32.7

Pai eterno, obrigada porque és "minha fortaleza, minha torre segura e meu libertador". És "meu escudo, em quem me refugio" (Sl 144.2). Mostra-me o que preciso fazer para ser liberta. Não quero conviver com algo pelo qual já pagaste o preço de minha liberdade. Oro para que me livres de toda obra maligna e me leves a salvo para teu reino (2Tm 4.18). "Ó Deus, não permaneças distante; vem depressa me socorrer, meu Deus" (Sl 71.12).

Transbordando de alegria, paz e esperança

*O Senhor, porém, está atento aos que o temem,
aos que esperam por seu amor.*
Salmos 33.18

Querido Deus, ajuda-me a resistir a coisas que esvaziam minha alma e diminuem minha força. Enche-me com tua esperança, paz e alegria, a ponto de transbordarem de mim para outras pessoas. Eu te louvo por quem tu és e te agradeço porque, enquanto te louvo, teu Espírito Santo derrama vida nova em mim. Renova-me com teu Espírito hoje e leva embora toda a falta de esperança.

Faça da adoração um hábito

Louvarei o Senhor em todo o tempo; meus lábios sempre o louvarão. Somente no Senhor me gloriarei; que todos os humildes se alegrem.

Salmos 34.1-2

Senhor, eu te adoro porque és o Deus altíssimo, o Deus todo-poderoso, o Deus do céu e da terra, o Criador de todas as coisas. Não há ninguém maior que tu. Eu te louvo porque és meu Pai celestial, que está comigo todos os dias para guiar-me e proteger-me. Obrigada por tudo o que me tens dado e por tudo o que me darás no futuro. Eu te louvo por teu amor, que me liberta e me completa. Derrama teu amor em mim, de modo que ele flua para outras pessoas e te glorifique.

Rejeite as emoções negativas

O Senhor, porém, resgatará os que o servem;
ninguém que nele se refugia será condenado.
Salmos 34.22

Deus amado, rejeito hoje toda depressão, ansiedade, medo, pavor, ira e tristeza, porque sei que não provêm de ti. Pelo poder de teu Santo Espírito, resisto à tentação de ver coisas más na vida, e peço-te que me abras os olhos para ver coisas boas. Capacita-me a sentir tua presença o tempo todo, seja o que for que estiver acontecendo. Minha vida está em tuas mãos, e teu amor me sustenta. Que tua alegria invada meu coração de maneira tão completa a ponto de esmagar tudo o que não tenha vindo de ti. Capacita-me a respirar o ar fresco de teu Espírito, soprando as nuvens negras para longe. Obrigada porque és minha luz e porque me perdoaste.

Abra mão de coisas materiais

Como é feliz aquele que se importa com o pobre!
Em tempos de aflição, o SENHOR o livra.
O SENHOR protege e lhe conserva a vida. Ele o faz
prosperar na terra e o livra de seus inimigos.

Salmos 41.1-2

Senhor, não quero interromper o derramar de tuas bênçãos em minha vida por não ser generosa quando e onde deveria ser. Ajuda-me a entender o alívio que sinto na vida quando abro mão do que tenho em favor dos outros. Lembra-me sempre de fazer o bem e de dividir o que tenho com outras pessoas, porque sei que te agradas desses sacrifícios. Ensina-me a ser generosa e, por conseguinte, a juntar tesouros no céu que não se deterioram, porque sei que onde estiver meu tesouro, ali também estará meu coração (Lc 12.33-34).

Ore para resistir à tentação

Cria em mim, ó Deus, um coração puro; renova dentro de mim um espírito firme. Não me expulses de tua presença e não retires de mim teu Santo Espírito. Restaura em mim a alegria de tua salvação e torna-me disposto a te obedecer.
Salmos 51.10-12

Deus, oro para que cries em mim um coração puro e reto diante de ti o tempo todo. Ajuda-me a recorrer a ti imediatamente após o primeiro sinal de tentação, para que os maus pensamentos não se transformem em atos pecaminosos. Não quero jamais me separar da presença de teu Santo Espírito. Devolve-me a alegria que devo sempre ter, porque teu amor salvou e redimiu minha vida.

Com sede de Deus

Ó Deus, tu és o meu Deus; eu te busco de todo o coração.
Minha alma tem sede de ti; todo o meu corpo anseia por
ti nesta terra seca, exausta e sem água.

Salmos 63.1

Senhor amado, quero ter tua presença mais que tudo na vida. Preciso de ti da mesma forma que preciso de água no calor do verão. Venho a ti para saciar minha sede espiritual como só tu és capaz de saciar. Derrama em mim teus rios de água viva, para que façam minha alma reviver. Que fluam por mim a este mundo árido e sedento. Refresca-me e renova minha alma com tua presença restauradora.

Orando com um coração puro

Se eu não tivesse confessado o pecado em meu coração, o Senhor não teria ouvido. Mas Deus ouviu! Ele atendeu à minha oração. Louvado seja Deus, que não rejeitou minha oração, nem afastou de mim o seu amor.

Salmos 66.18-20

Pai, não quero guardar pecado no coração. Quero que meu coração seja puro diante de ti, para que sempre ouças minhas orações. Sei que não sou perfeita, portanto peço que, pelo poder de teu Santo Espírito, me ajudes a manter o coração puro e as mãos limpas. Obrigada porque me amas e me ajudas a fazer o que é certo aos teus olhos.

O poder de Deus em sua fraqueza

Deus é temível em seu santuário; o Deus
de Israel dá poder e força a seu povo.
Salmos 68.35

Senhor, tu fortaleces o cansado e aumentas-lhe o vigor (Is 40.29). Eu te agradeço porque fazes o mesmo comigo. Ajuda-me a nunca esquecer teu poder para nos redimir, salvar, restaurar e renovar. Aconteça o que for, quero recorrer a ti em primeiro lugar e mover-me no poder de teu Espírito. Deus da esperança, faz-me transbordar de esperança, pelo poder do teu Santo Espírito (Rm 15.13). Obrigada pela incomparável grandeza de teu poder para com os que creem (Ef 1.19). "Pois teu é o reino, o poder e a glória para sempre" (Mt 6.13).

Comprometa-se a trabalhar para Deus

Seja sobre nós a bondade do Senhor,
nosso Deus; faze prosperar nossos esforços,
sim, faze prosperar nossos esforços.

Salmos 90.17

Amado Deus, peço que abençoes meu trabalho e o consolides. Entrego todas as minhas atividades a ti, para que sejam usadas para tua glória. Dá-me força para realizar meus deveres todos os dias. Dá-me sabedoria e capacidade para realizá-los bem. Cuida de cada detalhe de meu trabalho, de modo que ele seja aceito pelas outras pessoas e bem-sucedido.

Livra-me, ó Deus

Quando clamar por mim, eu responderei e estarei
com ele em meio às dificuldades; eu o resgatarei
e lhe darei honra. Com vida longa o recompensarei
e lhe darei minha salvação.
Salmos 91.15-16

Senhor, vejo que as forças que se levantam contra teus servos são poderosas, mas sei que és mais poderoso que elas. Revela teu poder e tua força ao meu coração. Clamo a ti para que me libertes do inimigo que tenta me escravizar. Eu te agradeço porque me responderás e me livrarás de minha angústia (Sl 118.5). Obrigada porque nunca desistirás de mim e continuarás a me livrar (2Co 1.9-10). Obrigada, Senhor, porque me libertas do mal e me preservas para teu reino celeste.

Protege-me, Senhor

Vocês que amam o SENHOR, odeiem o mal! Ele protege a vida de seus fiéis e os resgata da mão dos perversos.
Salmos 97.10

Pai de amor, obrigada porque me libertaste do inimigo. Obrigada, Jesus, porque vieste para destruir as obras do maligno e já venceste a batalha. Sei que "ainda que eu esteja cercado de aflições, tu me protegerás da ira de meus inimigos. Estendes tua mão, e o poder de tua mão direita me liberta" (Sl 138.7). Ajuda-me a ser sábia em relação ao que é bom e inocente em relação ao que é mau, porque sei que tu, o Deus da paz, em breve esmagarás Satanás debaixo de meus pés (Rm 16.19-20).

Sentindo o poder da adoração

*Entrem por suas portas com ações de graças
e, em seus pátios, com cânticos de louvor.*
Salmos 100.4

Deus bendito, venho a ti para te adorar e render graças por tudo o que és e por tudo o que tens feito para mim. Independentemente do que acontecer em minha vida ou no mundo ao meu redor, não me deterei nas dificuldades. Passarei por cima de minhas limitações pelo poder de teu Espírito, e te louvarei porque solucionas todos os meus problemas.

Louvor é a oração que muda tudo

Senhor, ouve minha oração, escuta minha súplica!
Não escondas de mim o rosto na hora de minha
aflição. Inclina-te para ouvir e responde-me
depressa quando clamo a ti.
Salmos 102.1-2

Querido Deus, eu te adoro e te agradeço porque és maior que tudo o que enfrento. Obrigada porque és um Deus compassivo e misericordioso, que ouves minhas orações e as atendes. Eu te agradeço porque estás presente em meu louvor e, em tua presença, minha vida e minha situação mudam. Sou grata porque, quando te louvo, tu me transformas.

Tema a Deus, mas não viva com medo

O Senhor é como um pai para seus filhos,
bondoso e compassivo para os que o temem.
Salmos 103.13

Senhor, apresento a ti todos os meus temores e peço-te que os afastes de mim, para que eu não venha a temer mais nada. Sei que não me deste um espírito de medo; deste-me amor, poder e uma mente firme. Em tua presença todos os meus temores desaparecem, porque teu amor os leva embora. Ajuda-me a glorificar-te o tempo todo com a glória que te é devida, pois te adoro e te louvo acima de todas as coisas. Aumenta minha fé e afasta todo o medo, de modo que eu tema somente a ti, em profunda reverência.

Reconheça seu inimigo

O Senhor os livrou? Proclamem em alta voz!
Contem a todos que ele os resgatou de seus inimigos.
Salmos 107.2

Pai, peço-te que me mostres quando eu estiver sob o ataque do inimigo. Ajuda-me a ser firme em tua Palavra e a orar continuamente para não ser pega de surpresa. Capacita-me a não dar lugar ao diabo (Ef 4.27) ao desobedecer aos teus mandamentos. Quero ser submissa a ti e resistir ao inimigo, para que ele fuja de mim. Permita-me permanecer no centro de tua vontade, de modo que eu esteja sempre sob tuas asas protetoras. Ensina-me a adorar-te ao primeiro sinal do ataque do inimigo. Eu te louvo, Senhor, "pois me livraste de minhas aflições e me ajudaste a vencer meus inimigos" (Sl 54.7).

Deus a ouve quando ora

Amo o SENHOR, porque ele ouve a minha voz e as minhas orações. Porque ele se inclina para ouvir, orarei enquanto viver.
Salmos 116.1-2

Deus de paz, sinto grande consolo por saber que ouves minhas orações. Tua Palavra diz que nos ouves e nunca estás tão distante a ponto de não ouvir quando clamamos a ti. Ajuda-me a ser paciente e aguardar tuas respostas, para não desanimar nem sentir medo de não ter sido ouvida. Faz-me confiar em ti todos os dias de minha vida, enquanto viver.

Confie e creia na Palavra de Deus

Prostro-me diante do teu santo templo; louvo teu nome
por teu amor e tua fidelidade, pois engrandeceste
acima de tudo teu nome e tua palavra.

Salmos 138.2

Senhor, sou grata por tua Palavra. Ela me ensina a viver, e entendo que minha vida só terá êxito se eu andar em teus caminhos. Quero encontrar-te em teu Livro, e peço-te que me ensines o que necessito saber. "Abre meus olhos, para que eu veja as maravilhas de tua lei" (Sl 119.18). Obrigada pelo consolo, pela cura, pelo livramento e pela paz que tua Palavra me dá. Ela alimenta minha alma faminta. Ajuda-me a lê-la todos os dias para ter um sólido entendimento de quem tu és, de como devo ser e de como devo viver.

Salva e liberta

Quando eu clamo, tu me respondes;
coragem e força me dás.

Salmos 138.3

Pai amoroso, ajuda-me a ver meus medos como um desafio a superar, porque me capacitaste a isso. Tiraste-me das trevas e da sombra da morte, e quebraste as correntes do cativeiro. Libertaste-me do domínio das trevas e me transportaste para teu reino de amor (Cl 1.13). Tu és minha salvação, por isso não há nada que eu deva temer. Quando eu clamar a ti, tu me salvarás (Sl 107.13). Liberta-me de todas as emoções negativas que se tornaram recorrentes em minha vida. Dá-me vestes de louvor para afastar o espírito de opressão. Em tua presença encontro plena alegria.

Agradeça a Deus porque ele conhece e ama você

Ó SENHOR, tu examinas meu coração e conheces tudo a meu respeito. Sabes quando me sento e quando me levanto; mesmo de longe, conheces meus pensamentos. Tu me vês quando viajo e quando descanso; sabes tudo que faço.

Salmos 139.1-3

Deus onisciente, eu te agradeço porque conheces tudo sobre mim e, mesmo assim, tu me amas. Conheces meus pensamentos e erros e, mesmo assim, dizes que sou tua. Obrigada porque estás sempre comigo. Tu me ensinas, me guias, me consolas e me restauras, por isso nunca estou sozinha. Tu, Senhor, me conheces melhor do que eu me conheço. Ajuda-me a conhecer-te melhor a cada dia.

O Senhor está perto quando oramos

*O Senhor está perto de todos que o invocam, sim,
de todos que o invocam com sinceridade.*

Salmos 145.18

Senhor, aproximo-me de ti e te agradeço porque estás perto de mim. Confesso as vezes em que duvidei de tua presença ao meu lado, por achar que minhas orações ficaram sem resposta. Agora sei que a dúvida se contrapõe à tua Palavra. Ajuda-me a orar com mais fervor durante o tempo em que aguardo tua resposta, em vez de pensar que nada mudará.

Reconheça o Senhor em cada situação de sua vida

Confie no Senhor de todo o coração; não dependa de seu próprio entendimento. Busque a vontade dele em tudo que fizer, e ele lhe mostrará o caminho que deve seguir.
Provérbios 3.5-6

Pai celestial, peço que me ajudes a confiar em ti e em teus caminhos e a não depender de meu conhecimento limitado a respeito das questões que me cercam. Ajuda-me a reconhecer-te em cada situação de minha vida. Se fechei as portas de meu coração em alguma área, peço-te que me reveles esse erro para que eu possa convidar-te a reinar ali. Obrigada por me mostrares o caminho que devo seguir.

Mantenha o coração puro

Acima de todas as coisas, guarde seu coração,
pois ele dirige o rumo de sua vida.
Provérbios 4.23

Deus, cria em mim um coração puro. Liberta-me de tudo o que não provenha de ti. "Dá-me entusiasmo por teus preceitos, e não pela ganância!" (Sl 119.36). Ajuda-me a guardar tua Palavra no coração para não pecar contra ti (Sl 119.11). Não quero acalentar no coração pecados que te impeçam de ouvir minhas orações (Sl 66.18). Não permitas que eu seja enganada (Dt 11.16). Capacita-me a não confiar tolamente em meu coração, mas a confiar em ti para que me reveles a verdade que necessito ver.

A vantagem de esperar em Deus

Felizes os que me ouvem, que ficam à minha porta todos os dias, esperando por mim na entrada de minha casa!
Provérbios 8.34

Senhor, espero em ti e ouço tua voz. Fala a meu coração aquilo que eu preciso ouvir. Ensina-me tudo o que preciso saber. Obrigada pelas grandes bênçãos que recebem aqueles que esperam à tua porta e ouvem tua voz. Enquanto aguardo por ti, que o caráter de Cristo se forme em mim e minha fé aumente.

Doe-se a Deus
e aos outros

O generoso prospera; quem revigora
outros será revigorado.
Provérbios 11.25

Pai bondoso, ensina-me a entregar tudo a ti com alegria no coração. Ajuda-me a dar diligentemente esse passo de obediência. Leva-me a me oferecer a ti, como exiges. Ensina meu coração a devolver-te tudo aquilo que me concedeste. Capacita-me a rejeitar o medo de não ter o suficiente. Quando eu temer, quero pôr minha confiança em ti. Tu és maior que a escassez que porventura eu venha a enfrentar. Mostra-me maneiras específicas de dividir o que tenho com os outros. Revela-me a necessidade deles e maneiras de supri-la.

Temor piedoso

O temor do Senhor é fonte de vida;
ajuda a escapar das armadilhas da morte.
Provérbios 14.27

Senhor, tua Palavra diz: "Ainda que um exército me cerque, meu coração não temerá" (Sl 27.3). Sou imensamente grata porque quando clamo a ti, tu me ouves e me livras de todos os meus medos (Sl 34.4). Sei que o temor a ti traz vida e me afasta das armadilhas da morte. Capacita-me a ter sempre esse temor piedoso no coração. Que o louvor seja minha primeira reação todas as vezes que o medo me assaltar. Não quero negar tua presença, dando lugar ao medo em tempos de fraqueza.

Deus ouve as orações dos justos

Os sacrifícios dos perversos são detestáveis para o
Senhor, *mas ele tem prazer nas orações dos justos.*
Provérbios 15.8

Amado Deus, sou imensamente grata porque me vês como uma pessoa justa em razão de meu relacionamento com Jesus. Mas sei que desejas que eu também decida ter uma *vida* justa. Oro para que meus pensamentos, palavras e ações sejam agradáveis a ti, a fim de que minhas orações sempre agradem teus ouvidos. Capacita-me a agir corretamente em todas as situações.

Bons motivos para pedir sabedoria a Deus

Adquira a verdade e não a venda; obtenha sabedoria, instrução e discernimento.
Provérbios 23.23

Pai, peço que me dês sabedoria para que eu tenha uma vida longa de paz, bênçãos e felicidade. Sei que com a sabedoria virá a confiança, a proteção, a segurança, o progresso e a orientação. Oro para ter aquela sabedoria que me salva do mal, e peço-te que me ajudes a tomar decisões certas. Peço-te também que me capacites a viver com discernimento, disciplina, entendimento e verdade.

Quando nossas orações desagradam a Deus

*As orações de quem se recusa a ouvir a lei
são detestáveis para Deus.*
Provérbios 28.9

Deus todo-poderoso, ajuda-me a conhecer tuas leis. Ensina-me tua Palavra, para que eu a entenda melhor cada vez que a ler. Revela-me teus caminhos, de modo que passem a fazer parte de minha rotina. Fala ao meu coração sempre que meus pensamentos, palavras ou ações começarem a perder o rumo. Conserva-me no caminho certo, para que minhas orações jamais sejam detestáveis a ti. Capacita-me a nunca me recusar a ouvir tua orientação.

Tempo é tudo

E, no entanto, Deus fez tudo apropriado para seu devido tempo. Ele colocou um senso de eternidade no coração humano, mas mesmo assim ninguém é capaz de entender toda a obra de Deus, do começo ao fim.

Eclesiastes 3.11

Senhor, sei que teu tempo não é igual ao meu. Quero receber respostas imediatas a todas as minhas orações. Mas tu queres que eu seja paciente e aguarde em ti. Ponho minhas preocupações diante de ti e deixo o desfecho em tuas mãos. Ajuda-me a descansar no conhecimento de que teu tempo é perfeito, da mesma forma que é perfeito tudo o que fazes. Obrigada porque fizeste lindas todas as coisas — até mesmo eu e minha vida — e no tempo certo.

Abandone relacionamentos destrutivos

*É melhor serem dois que um, pois um ajuda o
outro a alcançar o sucesso. Se um cair, o outro
o ajuda a levantar-se. Mas quem cai sem ter
quem o ajude está em sérios apuros.*

Eclesiastes 4.9-10

Pai, agradeço-te pelas pessoas que colocaste em minha vida. Fortalece todos os meus bons relacionamentos. Ajuda-me a lidar com os relacionamentos difíceis de forma que te agrade. Retira de minha vida os relacionamentos destrutivos e os que não têm solução, seja mudando-os para melhor, seja afastando a pessoa de mim. Dá-me sabedoria a respeito dos amigos que escolho. Guia-me para que eu não me relacione com alguém que me desvie do caminho que tens para mim. Se houver algum relacionamento que seja destrutivo para ambas as partes, capacita-nos a mudá-lo para melhor ou a abrir mão dele.

Uma corrente de água fresca

Você é uma fonte de jardim, um poço de
água fresca que desce dos montes do Líbano.
Cântico dos Cânticos 4.15

Senhor, reabastece-me com teu Espírito hoje. Faz transbordar de mim tuas águas refrescantes para que, quando eu estiver em companhia de outra pessoa, ela sinta tua presença. Quero ser uma corrente de água fresca fluindo para os que me cercam. Sei que me vês através de teu Filho Jesus. Oro para que outras pessoas percebam Jesus em mim, mesmo que não entendam inteiramente o que estão vendo.

Diante do Deus santo

Então eu disse: "Estou perdido! É o meu fim, pois sou um homem de lábios impuros e vivo no meio de pessoas de lábios impuros. Meus olhos, porém, viram o Rei, o Senhor dos Exércitos!".

Isaías 6.5

Amado Jesus, todas as vezes que sinto tua presença sinto forte convicção de que sou indigna de estar diante de ti. E isso me torna cada vez mais agradecida por teu sacrifício por mim. Tu te sacrificaste para que eu pudesse me apresentar diante de teu trono com confiança e encontrar misericórdia e graça em tempos de necessidade. Toca-me, purifica-me e ajuda-me a permanecer afastada de tudo o que seja impuro.

Eu adorarei o Senhor

Naquele dia, vocês cantarão: "Eu te louvarei, ó SENHOR! Estavas irado comigo, mas tua ira passou; agora tu me consolas. Vejam, Deus veio me salvar; confiarei nele e não terei medo. O SENHOR Deus é minha força e meu cântico; ele me deu vitória!".
Isaías 12.1-2

Senhor, embora nem sempre eu faça, diga ou pense o que é certo — e sei que o pecado te desagrada —, sou grata a ti porque sempre me amas e ouves minha confissão. Dá-me discernimento para ocultar-me quando eu vir a tentação se aproximando. És meu Salvador e Libertador, e elevo a ti meu cântico todas as vezes que perceber que o inimigo está tentando afastar-me de teu caminho. Eu te louvo em todas as coisas.

Paz para sua mente

Tu guardarás em perfeita paz todos que em ti confiam,
aqueles cujos propósitos estão firmes em ti.

Isaías 26.3

Pai bondoso, ensina-me a verdade de tua Palavra de tal forma que eu reconheça a mentira no momento em que ela se apresentar. Sei que não posso apossar-me de tudo o que tens para mim se acreditar em mentiras sobre mim, sobre minhas circunstâncias ou sobre ti. Ajuda-me a falar a tua verdade para calar a voz do inimigo. Ensina-me a não ter rancor de ninguém nem de ruminar coisas do passado. Oro para que tua paz, que excede todo o entendimento, guarde meu coração e mente em Jesus, meu Senhor (Fp 4.7).

Sabendo que caminho seguir

Uma voz atrás de você dirá: "Este é o caminho pelo qual devem andar", quer se voltem para a direita, quer para a esquerda.

Isaías 30.21

Deus, revela-me tua vontade para minha vida, a fim de que eu sempre ande nela. Tua vontade é lugar de segurança e proteção para mim, e preciso saber se estou seguindo na direção certa. Ajuda-me a ouvir tua voz falando a meu coração, dizendo-me o que devo fazer, principalmente a respeito das decisões que necessito tomar em cada dia de minha vida.

O louvor é a forma mais pura de oração

Os animais selvagens nos campos me glorificarão, e também os chacais e as corujas, por lhes dar água no deserto. Sim, farei rios na terra seca, para que meu povo escolhido se refresque. Formei este povo para mim mesmo; um dia, ele me honrará perante o mundo.

Isaías 43.20-21

Senhor, quero demonstrar amor, respeito, devoção e apreço por ti quando levanto as mãos em louvor. Eu te adoro por quem tu és e por tudo o que tens feito neste mundo e em minha vida. Ajuda-me a viver cada dia com louvor e ações de graça no coração, para cumprir totalmente meu maior propósito e chamado neste mundo: adorar-te e glorificar-te.

Fale palavras que tragam vida

O SENHOR Soberano me deu suas palavras de sabedoria, para que eu saiba consolar os cansados.

Isaías 50.4

Deus, ajuda-me a falar palavras que exaltam, não palavras que abatem; palavras de elogio, não de crítica; palavras que falem de amor incondicional, não de expectativas humanas; e palavras que inspirem confiança, não inquietação. Se fiz afirmações negativas a meu respeito ou a respeito de outra pessoa, perdoa-me. Quero ter um falar bondoso, e lembrar-me diariamente de que "as palavras dos sábios trazem cura" (Pv 12.18). Reabastece-me com teu Santo Espírito e derrama em meu coração teu amor, tua paz e alegria. Ajuda-me a tratar a mim mesma e aos outros com respeito, paciência e amor.

Diga palavras boas do coração de Deus

Pus minhas palavras em sua boca e o escondi em segurança em minha mão.
Isaías 51.16

Pai querido, ajuda-me a não dizer coisas negativas, nem mesmo a respeito de mim. Cada vez que eu começar a dizer uma crítica negativa, ajuda-me a parar imediatamente e a não dar continuidade a essa linha de pensamento. Ensina-me a vigiar as palavras que digo aos outros. Livra-me de dizer palavras que ofendem ou diminuem as pessoas. Capacita-me a não ser descuidada a esse respeito. Instrua-me a dizer sempre palavras que sejam amparadas por tua verdade e que te glorifiquem.

Verdadeiramente curada

Apesar disso, foram as nossas enfermidades que ele tomou sobre si, e foram as nossas doenças que pesaram sobre ele. Pensamos que seu sofrimento era castigo de Deus, castigo por sua culpa. Mas ele foi ferido por causa de nossa rebeldia e esmagado por causa de nossos pecados. Sofreu o castigo para que fôssemos restaurados e recebeu açoites para que fôssemos curados.

Isaías 53.4-5

Senhor, restaura-me a saúde e sara todas as minhas feridas. Aumenta minha fé em ti e em teu nome, para que eu possa apropriar-me da cura que me garantiste na cruz. Ajuda-me a não desistir de orar até ver a solução que tens para mim. Sei que quando me curas, sou verdadeiramente curada (Jr 17.14). Ensina-me a orar com poder e fé para a cura de outras pessoas. Todas as vezes que eu orar por alguém, peço que ouças minha oração e a atendas, tocando aquela pessoa com teu poder restaurador. Mostra-me como orar, para que realizes um milagre, não apenas em minha vida, mas também na vida de outras pessoas.

Como reagir diante da oração não respondida

"Cante, ó mulher sem filhos, você que nunca deu à luz! Cante alegremente, em alta voz, ó Jerusalém, você que nunca esteve em trabalho de parto! Pois a abandonada agora tem mais filhos que a mulher que vive com o marido", diz o Senhor.

Isaías 54.1

Deus fiel, tua Palavra diz que devemos cantar louvores diante de situações infrutíferas em nossa vida. Portanto, quando minhas orações não forem respondidas, continuarei a louvar-te, porque sei que podes soprar vida em qualquer situação — mesmo naquela que parece estar morta. Quando eu orar, ajuda-me a confiar que ouves minhas orações e não te esqueces de meu pedido.

As promessas de Deus

*"Pois, ainda que os montes se movam e as colinas
desapareçam, meu amor por você permanecerá.
A aliança de minha bênção jamais será quebrada",
diz o Senhor, que tem compaixão de você.*
Isaías 54.10

Pai amoroso, ajuda-me a segurar firme em tuas promessas, a fim de que sejam gravadas em meu coração e permaneçam vivas dentro de mim. Capacita-me a esquecer o que se foi e a não viver no passado (Is 43.18). Sei que estás operando coisas novas em mim. Oro para que abras "um caminho no meio do deserto" e "rios na terra seca" (Is 43.19). Sei que quase sempre quero que tudo aconteça rapidamente, e peço que me perdoes quando eu quiser que teus planos se encaixem nos meus. Obrigada porque cumpres o teu propósito para comigo (Sl 138.8).

Orando segundo a Palavra de Deus

A chuva e a neve descem dos céus e na terra permanecem até regá-la. Fazem brotar os cereais. [...] O mesmo acontece à minha palavra: eu a envio, e ela sempre produz frutos. Ela fará o que desejo e prosperará aonde quer que eu a enviar.

Isaías 55.10-11

Pai celestial, eu te agradeço porque tua Palavra sempre cumpre o propósito para o qual tu a enviaste. Capacita-me a me apoderar da força e da vida que há em tua Palavra, a ponto de ficarem enraizados firmemente em meu coração e me guiarem em tudo o que eu fizer. Ajuda-me a entrelaçar tua Palavra em minhas orações, de modo que elas se tornem arma poderosa contra a qual o inimigo não prevalecerá.

O jejum que Deus deseja

Este é o tipo de jejum que desejo: Soltem os que foram presos injustamente, aliviem as cargas de seus empregados. Libertem os oprimidos, removam as correntes que prendem as pessoas.

Isaías 58.6

Senhor, enquanto jejuo, ensina-me a orar de formas que ainda não conheço. Ajuda-me a fazer o possível para socorrer os outros e alimentar os famintos. Mostra-me quando devo amparar os que estão aflitos ou em sofrimento. Ensina-me a honrar o dia de descanso — teu dia santo —, honrando a ti e não agindo por conta própria para fazer o que desejo. Capacita-me a querer o que *tu* queres. Obrigada porque, enquanto jejuo, tu cuidas dos detalhes de minha vida e me orientas.

Demolindo o muro da separação

Foram suas maldades que os separaram de Deus; por causa de seus pecados, ele se afastou e já não os ouvirá.
Isaías 59.2

Santo Deus, sei que minha vida não progride se não sigo teus caminhos. Ajuda-me a ter consciência de meu pecado para confessá-lo a ti imediatamente e ser purificada. Não quero que nada me separe de ti, nem impeça que minhas orações sejam ouvidas por ti. Obrigada, Jesus, porque abriste um caminho para mim a fim de que eu encontrasse perdão para meus erros.

Receba beleza em lugar de cinzas

A todos que choram em Sião ele dará uma bela coroa em vez de cinzas, uma alegre bênção em vez de lamento, louvores festivos em vez de desespero.

Isaías 61.3

Querido Deus, eu me entristeço por causa de meu pecado e pelas vezes em que não vivi de acordo com teus preceitos. Não sei quanto devo ter perdido, nem de quantas bênçãos o pecado me privou. Mas confesso a ti as faltas cometidas por pensamento, palavra e ação, e peço que me dês uma bela coroa em vez de cinzas, alegres bênçãos em vez de lamento, e louvores festivos em vez de desespero.

Encontrando libertação

Por causa de Sião, não permanecerei quieto. Por causa de Jerusalém, não ficarei calado, até sua justiça brilhar como o amanhecer e sua salvação resplandecer como uma tocha acesa.

Isaías 62.1

Pai amoroso, sei que minha única esperança de libertação e restauração está em ti. Tu me salvaste para a eternidade e para tua glória, e nada é impossível para ti. Oro para que não desistas de mim até que eu esteja livre e restaurada por inteiro, e que minha justiça brilhe como o amanhecer. Obrigada porque me libertaste para a vida que tens para mim.

Orando sem apresentar justificativas

*O Senhor respondeu: "Não diga: 'Sou jovem
demais', pois você irá aonde eu o enviar e dirá
o que eu lhe ordenar [...]". Então o Senhor estendeu
a mão, tocou minha boca e disse: "Veja, coloquei
minhas palavras em sua boca!".*
Jeremias 1.7,9

Deus Pai, não desejo apresentar justificativas por deixar de fazer tua vontade. No entanto, sinto-me despreparada para efetuar as coisas que me ordenas — principalmente em oração. Não quero, porém, ter medo de realizar tua obra. Quero depender de ti para que a completes por meu intermédio. Oro para que ponhas palavras em minha boca, de modo que eu interceda em favor de outras pessoas mediante o poder de teu Espírito e lhes diga as palavras que me deste.

Orando por seu país

Assim diz o Senhor: "Parem nas encruzilhadas
e olhem ao redor, perguntem qual é o caminho
antigo, o bom caminho; andem por ele e encontrarão
descanso para a alma. Vocês, porém, respondem:
'Não é esse o caminho que queremos seguir'. [...]
Ouça, toda a terra: Trarei calamidade sobre meu
povo. Será fruto de suas próprias intrigas, pois não
querem me ouvir; rejeitaram a minha lei".
Jeremias 6.16,19

Senhor, apresento-me humildemente diante de ti para confessar os pecados de meu país. Embora haja muitas pessoas que creem em ti, um grande número se recusa a andar em teus caminhos. Eu me ponho na brecha das encruzilhadas, para procurar o bom caminho e orar para que muitas pessoas se unam a mim e obedeçam à tua lei, a fim de evitar uma calamidade em nosso país. Oro para que outros compatriotas se curvem diante de ti e busquem teus caminhos.

Gloriando-se apenas em Deus

Assim diz o Senhor: "Que o sábio não se orgulhe de sua sabedoria, nem o poderoso de seu poder, nem o rico de suas riquezas. Aquele que deseja se orgulhar, que se orgulhe somente disto: de me conhecer e entender que eu sou o Senhor, que demonstra amor leal e traz justiça e retidão à terra; isso é o que me agrada. Eu, o Senhor, falei!".
Jeremias 9.23-24

Pai, confesso todo orgulho que tenho no coração e reconheço-o como pecado diante de ti. Sei que todas as boas coisas em minha vida provêm de ti. Ajuda-me a nunca me gloriar de nada, a não ser do fato de saber que tu és o Senhor. E só tenho capacidade de realizar coisas grandes por causa da grandeza de teu Santo Espírito que habita em mim e me ajuda a conhecer-te e a entender teus caminhos.

Levando suas perguntas a Deus

SENHOR, tu sempre me fazes justiça quando apresento uma causa diante de ti. Portanto, desejo te fazer esta queixa: Por que os perversos são tão prósperos? Por que os desonestos vivem em paz?

Jeremias 12.1

Deus, sei que és sempre bom e justo, e não questiono tuas decisões. Entretanto, confesso que, às vezes, me pergunto por que algumas pessoas parecem não ser castigadas. Outras, porém, que são tuas servas e, ao que tudo indica, não fizeram nada de errado, sofrem tanto na vida. Ajuda-me a entender essas coisas sob tua perspectiva, para que eu possa ajudar mais pessoas a fazer o mesmo.

Confie no Deus que cura

*Ó Senhor, se me curares, serei verdadeiramente
curado; se me salvares, serei verdadeiramente
salvo. Louvo somente a ti!*
Jeremias 17.14

Senhor, agradeço-te porque me curas pelo teu poder. Creio que tu, Jesus, és a Palavra viva. Pagaste o preço na cruz para que eu fosse curada. Levaste minhas enfermidades e tomaste sobre ti minhas doenças. Há cura em teu nome, e creio que tu me curas. Obrigada por tua Palavra escrita, que se torna viva em meu coração quando a leio, falo dela ou a ouço. Eu te louvo, Senhor, por todas as tuas promessas de segurança, proteção e cura. Quero crer em tua Palavra e ter fé em ti e em teu poder de curar.

Peça discernimento a Deus

Assim diz o SENHOR dos Exércitos a seu povo: "Não deem ouvidos a esses profetas quando profetizam para vocês e os enchem de falsas esperanças. Eles inventam tudo que dizem; não falam da parte do SENHOR".
Jeremias 23.16

Deus, ajuda-me a ouvir tua voz falando a meu coração. Dá-me discernimento para que eu saiba sempre distinguir os porta-vozes da tua verdade daqueles que fazem falsas profecias, enchendo-nos de medo ou de falsa esperança. Ensina-me a confrontar aquilo que ouço com os ensinamentos de tua Palavra. Espírito Santo, guia-me em toda a verdade, conforme prometeste. Capacita-me a identificar o que procede de ti e o que não procede.

Os planos de Deus exigem nossa oração

"Porque eu sei os planos que tenho para vocês", diz o Senhor. "São planos de bem, e não de mal, para lhes dar o futuro pelo qual anseiam."
Jeremias 29.11

Pai querido, eu te agradeço porque teus planos para mim são bons — planos de fazer-me prosperar e de dar-me esperança e um futuro. Ajuda-me a obedecer-te em todas as situações da vida, para que eu não faça nada que venha a contrariar teu projeto para mim. Entrego meu futuro a ti neste momento, e peço que me ajudes a ouvir tua voz me guiando em cada passo do caminho. Dá-me uma visão do porvir que traga paz a meu coração.

Aprendendo a ouvir

Portanto, assim diz o Senhor Deus dos Exércitos [...]:
"Porque não querem me ouvir nem me responder
quando os chamo, enviarei sobre Judá e sobre Jerusalém
todas as calamidades que prometi".
Jeremias 35.17

Deus todo-poderoso, ajuda-me a ser boa ouvinte quando tua voz falar a meu coração. Não quero abafá-la com os ruídos e correrias da vida. Ensina--me a levar cativo todo pensamento em obediência à tua Palavra. Livra-me de ter pensamentos maus. Capacita-me a ser diligente e a impedir que coisas que não te glorificam penetrem em minha mente.

Atenta à orientação de Deus

Zedequias, filho de Josias, foi sucessor de Joaquim, filho de Jeoaquim, no trono de Judá. Foi nomeado por Nabucodonosor, rei da Babilônia. Mas nem Zedequias, nem seus servos, nem o povo que restou na terra de Judá deram ouvidos ao que o SENHOR tinha dito por intermédio do profeta Jeremias.

Jeremias 37.1-2

Senhor, peço-te orientação clara para minha vida. Ajuda-me a ouvir e entender tua vontade. Não quero deixar de ouvir em meu coração tuas diretrizes por não ter prestado atenção a elas. Leva-me a agir imediatamente assim que escutar tua orientação, e a não desprezá-la. Mostra-me o que fazer e capacita-me a entrar em ação. Ensina-me a ser atenta a cada palavra e orientação que vêm de ti.

Deus a resgatará

Porque confiou em mim, darei a você sua vida como recompensa. Eu o resgatarei e o protegerei. Eu, o Senhor, falei!
Jeremias 39.18

Pai bondoso, oro para que estejas comigo nas situações mais difíceis e de maior aflição na vida, ajudando-me a trilhar caminhos que ainda não sou capaz de entender. Sei que embora haja problemas adiante, quando caminho contigo tu não me deixas cair. Quando eu atravessar situações difíceis, não reclamarei, porque sei que abrirás um caminho ou uma rota de fuga.

Sabendo o que fazer

Ore para que o Senhor, seu Deus, nos mostre o que devemos fazer e para onde devemos ir.

Jeremias 42.3

Deus, oro para que me mostres aonde ir e o que fazer. Quero estar sempre no lugar certo, na hora certa. Levo a ti as decisões que preciso tomar hoje a respeito de certas situações de minha vida. Capacita-me a ouvir tua voz instruindo-me, e ajuda-me a fazer o que estás me mostrando. Só poderei dar um passo adiante se tu me guiares.

Encontrando
esperança na tristeza

Levantem-se no meio da noite e clamem, derramem como água o coração diante do Senhor. Levantem as mãos em oração e supliquem por seus filhos, pois desfalecem de fome pelas ruas.
Lamentações 2.19

Senhor, derramo meu coração diante de ti em razão de tudo aquilo que me causa tristeza na vida. Levanto as mãos a ti porque sei que és minha esperança e que tua compaixão por mim nunca falha. Cura-me de toda dor emocional, e usa minha tristeza para teus bons propósitos. Oro para que, em tua presença, eu encontre consolo e restauração. Apresento a ti tudo o que me diz respeito.

Encontrando um novo coração

Eu lhes darei um só coração e colocarei dentro deles um novo espírito. Removerei seu coração de pedra e lhes darei coração de carne.

Ezequiel 11.19

Amado Deus, oro para que me enchas com teu amor e me ajudes a manter o coração bem perto de ti. Não quero que ele seja dividido, e peço que tires a dureza de coração que porventura exista em mim. Eu te convido a tomar conta de minha mente e alma. Ajuda-me a entregar o controle completo a ti. Acende em mim a chama do desejo por ti, de modo que ela nunca diminua nem se apague.

A promessa de um novo começo

*Deixem toda a sua rebeldia para trás e
busquem um coração novo e um espírito novo.
Por que morrer, ó povo de Israel?*
Ezequiel 18.31

Pai, oro para que retires de meu coração tudo aquilo
que não for reto perante ti. Ajuda-me a abandonar
atitudes más e pensamentos errados. Mostra-me se
existe algo que criou raízes em meu coração e que
não deveria estar ali, para que eu me livre disso antes de pagar um preço alto. Leva-me a jogar fora
tudo aquilo que não edifica, e a ter um novo começo com um coração novo e um espírito novo.

Libertando-se
do peso do pecado

Vocês se lembrarão de todas as formas pelas
quais se contaminaram e terão nojo de si
mesmos por todo o mal que fizeram.
Ezequiel 20.43

Deus, não quero olhar para os dias que vivi — nem mesmo para fatos recentes como os de ontem — e sentir-me mal por causa dos erros que cometi. Ajuda-me a identificar esses pecados rapidamente e confessá-los a ti. Capacita-me a viver de tal modo que não tenha de me arrepender de minhas palavras, pensamentos ou ações. Que meu arrependimento seja completo, para que tu retires todo o peso do pecado de cima de mim.

Colocando-se na brecha por sua nação

Procurei alguém que reconstruísse o muro que guarda a terra, que se pusesse na brecha para que eu não a destruísse, mas não encontrei ninguém.
Ezequiel 22.30

Senhor dos Exércitos, levo minha nação a ti, com todos os seus pecados e rebeldias, e peço que tenhas misericórdia de nós e nos ajudes a não colher todas as consequências daquilo que semeamos. Eu me ponho na brecha para invocar teu poder em nosso favor. Não nos julgues conforme nosso merecimento, mas derrama teu Espírito sobre esta terra e atrai milhões de pessoas a ti.

No mover do Espírito

Porei dentro de vocês meu Espírito, para
que sigam meus decretos e tenham o cuidado
de obedecer a meus estatutos.
Ezequiel 36.27

Pai, dirige-me pelo poder de teu Santo Espírito para que eu sempre obedeça à tua Palavra e siga tuas leis. Dá-me a disciplina de que necessito para fazer o que precisa ser feito. Obrigada porque puseste teu Espírito dentro de mim para guiar-me em todas as coisas. Ajuda-me a seguir tua direção e a não atropelar nem atrasar teus planos por ter agido por conta própria. Busco somente a ti.

Nova vida para o que morreu

Assim diz o SENHOR Soberano: Soprarei meu espírito e os trarei de volta à vida!
Ezequiel 37.5

Querido Deus, há áreas em minha vida que me parecem mortas e precisam de nova infusão de *tua* vida. Há sonhos em meu coração que parecem ter morrido muito tempo atrás, por não terem sido realizados. Sei que, se podes transformar ossos secos num imenso exército, podes também trazer vida a tudo o que te pedimos em oração e merece ser ouvido por ti. Sopra hoje vida nova em minha mente, minha alma e em meu corpo.

Vendo Deus no escuro

Naquela noite, o segredo foi revelado a Daniel numa visão. Então Daniel louvou o Deus dos céus e disse: "Louvado seja o nome de Deus para todo o sempre, pois a ele pertencem a sabedoria e o poder".

Daniel 2.19-20

Senhor, parece que todos os problemas se agigantam no meio da noite. Nessas ocasiões, lembro-me de que nunca dormes, e posso recorrer a ti e estar em tua presença. Oro para que nesses momentos me dês os tesouros escondidos na noite, guardados em lugares secretos, conforme disseste em tua Palavra. Oro para que preenchas minha escuridão com tua luz e me concedas descanso. Dá-me a revelação de que necessito para a situação que enfrento.

Clamando pela misericórdia de Deus

Ó nosso Deus, ouve a oração de teu servo [...].
Fazemos esta súplica não porque merecemos,
mas por causa de tua misericórdia.
Daniel 9.17-18

Amado Deus, venho a ti não por ser merecedora, mas por quem *tu* és. És misericordioso, e necessito que tua misericórdia se estenda hoje a mim. Necessito de ajuda em todas as coisas, principalmente em certas situações de minha vida que enfrento neste momento. Eu te agradeço porque tua ajuda não me é concedida por causa de *minhas* boas obras, mas por causa de quem *tu* és — o Deus de misericórdia e graça.

Encontrando fé para aguardar a resposta

*Em seguida, ele disse: "Não tenha medo, Daniel.
Pois, desde o primeiro dia em que você começou
a orar por entendimento e a se humilhar diante
de seu Deus, seu pedido foi ouvido. Eu vim
em resposta à sua oração".*
Daniel 10.12

Pai celestial, ajuda-me a esperar com paciência as respostas às minhas orações. Aumenta-me a fé para saber que, quando oro, tu ouves o clamor de meu coração e respondes em teu tempo perfeito e de acordo com tua vontade perfeita. Ajuda-me a continuar a orar e a não desistir, por mais que eu tenha de aguardar por tua resposta ou enfrentar os muitos obstáculos que o inimigo põe em meu caminho.

Achando o perdão
e a bondade de Deus

Tragam suas confissões e voltem para o Senhor.
Digam-lhe: "Perdoa nossos pecados e recebe-nos com
bondade, para que possamos oferecer-te nossos louvores".
Oseias 14.2

Querido Senhor, reconheço que sou pecadora e careço de ti. Sei que não posso me salvar, mas tu me salvaste de todas as maneiras. É por isso que me humilho diante de ti, e em primeiro lugar confesso meus pecados. Em segundo lugar, louvo-te por tudo o que tens feito por mim ao me concederes teu perdão, tua bondade e tua misericórdia. Eu te amo acima de tudo.

Nunca é tarde demais para recorrer a Deus

Eu lhes devolverei o que perderam por causa dos gafanhotos migradores, dos saltadores, dos destruidores e dos cortadores; enviei esse grande exército devastador contra vocês.

Joel 2.25

Querido Deus, eu te agradeço porque nunca é tarde demais para recorrer a ti e ver a restauração acontecer. Embora sinta que perdi tempo quando não dediquei minha vida inteiramente a ti, oro para que redimas esse tempo e me ajudes a compensá-lo. Restaura tudo o que foi perdido, desperdiçado ou destruído, para que eu possa glorificar-te por isso.

Ore por amigos piedosos

*Acaso duas pessoas podem andar
juntas se não estiverem de acordo?*

Amós 3.3

Senhor, oro para sempre ter amigos bons e piedosos, e para que possamos influenciar, encorajar e inspirar uns aos outros a fim de andarmos mais perto de ti. Oro pelos amigos que me dizem a verdade com amor, dão conselhos sábios e ajudam em tempos de aflição. Capacita-me a ser uma amiga semelhante a eles. Ensina-me a viver em união com os amigos piedosos que colocas em minha vida.

Proclamando a mensagem de Deus

Então o Senhor disse: "Você tem compaixão de uma planta, embora não tenha feito coisa alguma para que ela crescesse. [...] Acaso não devo ter compaixão dessa grande cidade?".

Jonas 4.10-11

Pai, sei que há pessoas nesta cidade, próximas a mim, que necessitam ouvir tua mensagem de esperança e verdade — pessoas das quais eu nem sequer noto a presença, mas que tu amas profundamente. Mostra-me quais são, a fim de que eu interceda por elas e possa dizer uma boa palavra vinda de ti. Prepara o coração de cada uma delas para aceitar minha palavra e, acima de tudo, a palavra que vem de ti.

Saindo das trevas

Não se alegrem, meus inimigos; pois,
mesmo que eu caia, voltarei a me levantar.
Ainda que eu esteja em trevas,
o Senhor será minha luz.

Miqueias 7.8

Obrigada, Deus bondoso, porque mesmo que eu saia do caminho que me preparaste, sempre estás ao meu lado para me levantar e colocar de volta nele, quando me arrependo de meus pecados. Eu te agradeço porque ainda que eu mergulhe nas trevas, tu serás minha luz. Louvo-te porque és a luz de minha vida e manténs acesa a chama que arde em meu coração aguardando a eternidade. O inimigo nunca será vitorioso sobre mim porque és meu Deus.

Persevere na oração em qualquer circunstância

Até quando, SENHOR, terei de pedir socorro?
Tu, porém, não ouves. Clamo: "Há violência por
toda parte!", mas tu não vens salvar.
Habacuque 1.2

Senhor, ajuda-me a ter o entendimento e a fé de que necessito para perseverar na oração e não desistir, mesmo que eu não receba uma resposta imediata. Sei que teus caminhos são perfeitos. Capacita-me a não desanimar enquanto aguardo por teu agir, mas que eu continue a orar até ver tua vontade ser feita em todas as coisas que puseste em meu coração e pelas quais devo interceder.

Agradeça o amor de Deus por você

Pois o Senhor, seu Deus, está em seu meio; ele é um Salvador poderoso. Ele se agradará de vocês com exultação e acalmará todos os seus medos com amor; ele se alegrará em vocês com gritos de alegria!

Sofonias 3.17

Pai, sinto grande alegria por saber que estás sempre comigo e tens poder para me salvar dos planos do inimigo. Ajuda-me a lembrar o tempo todo — mesmo quando atravesso situações tão difíceis a ponto de abalar os fundamentos de minha alma — que meu alicerce está em ti, e minha segurança se apoia em teu grande amor por mim.

Não descuide de sua caminhada com Deus

Vocês esperavam colheitas fartas, mas elas foram escassas. E, quando trouxeram esse pouco para casa, eu o fiz desaparecer com um sopro. Por quê? Porque minha casa continua em ruínas, diz o Senhor dos Exércitos, enquanto vocês estão ocupados construindo suas casas.

Ageu 1.9

Deus, ajuda-me a não me preocupar com aparências, desejos egoístas e com a condição de minha casa. Quero me preocupar com crescimento espiritual, serviço altruísta e com a condição de *tua* casa. Quero sempre pôr minhas prioridades em ordem, para que minha caminhada contigo continue a ser cada vez mais próxima e profunda. Não quero que o egoísmo se interponha no caminho de tuas bênçãos.

Pelo teu Espírito

*Então ele me disse: "Assim diz o SENHOR a Zorobabel:
Não por força, nem por poder, mas pelo meu Espírito,
diz o SENHOR dos Exércitos".*
Zacarias 4.6

Senhor dos Exércitos, reconheço que não posso fazer toda a obra para a qual me chamaste, a não ser que teu Espírito me capacite a fazê-la. Dependo de ti para me ajudar a ir aonde for necessário. Eu te adoro por ser a luz de minha vida, que ilumina meu caminho e guia cada passo. Louvo-te porque és o Deus todo-poderoso do universo, para quem nada é difícil.

Sentindo o desejo de adorar a Deus

Diga a todo o seu povo e a seus sacerdotes:
"Durante estes setenta anos de exílio, vocês jejuaram e
lamentaram no quinto e no sétimo mês, mas foi, de fato,
para mim que jejuaram?".

Zacarias 7.5

Pai amado, capacita-me a nunca chegar ao ponto de dar pouco valor à tua presença em minha vida. Ajuda-me a não permitir que aquilo que faço para ti se transforme em rotina e perca vitalidade e sentido em meu coração. Sei que meu jejum, oração e adoração não significarão nada para ti se não forem importantes para mim. Leva-me a fazer todas as coisas de modo a te agradar.

Orando por cura

Mas, para vocês que temem meu nome, o sol da justiça se levantará, trazendo cura em suas asas.

Malaquias 4.2

Querido Senhor, sou muito grata porque vieste para nos sarar. Obrigada porque, por tua misericórdia, entendemos quanto necessitamos de tua mão curadora. Peço que, com teu toque, restabeleças a saúde de meu corpo, hoje e todas as vezes que for necessário. Sei que, quando me curas, fico completamente curada. Ao mesmo tempo, peço que me dês orientação e sabedoria para aprender a cuidar de meu corpo corretamente.

Purifica-me o coração

Felizes os que têm coração puro, pois verão a Deus.
Mateus 5.8

Espírito Santo, alinha meu coração com o teu. Retira dele tudo o que for sombrio e errado, e preenche o espaço com tua presença. Examina meu coração e promove mudanças onde for necessário. Amacia as partes que endureceram. Purifica os lugares que foram contaminados. Ajuda-me a não pousar os olhos em coisas perversas. Senhor, peço que retires de meu coração tudo o que me impede de participar plenamente de tua santidade (Hb 12.10). Ensina-me a louvar-te de todo o coração.

Intercedendo por quem você não considera merecedor de oração

Eu, porém, lhes digo: amem os seus inimigos e orem por quem os persegue.
Mateus 5.44

Senhor, ajuda-me a obedecer a teu mandamento de amar meus inimigos e orar por aqueles que me perseguem. Sei que tens ouvido e respondido às orações de outras pessoas por *mim*, mesmo quando não sou merecedora disso; capacita-me a fazer o mesmo. Dá-me um coração igual ao teu, repleto de amor, para que eu possa orar por quem me ofendeu ou me decepcionou.

Jesus ensina-nos a orar

*Portanto, orem da seguinte forma: Pai nosso que estás
no céu, santificado seja o teu nome. Venha o teu reino.
Seja feita a tua vontade, assim na terra como no céu.
Dá-nos hoje o pão para este dia, e perdoa nossas dívidas,
assim como perdoamos os nossos devedores. E não nos
deixes cair em tentação, mas livra-nos do mal. Pois teu é
o reino, o poder e a glória para sempre. Amém.*

Mateus 6.9-13

Pai celestial, louvo teu santo nome. Oro para que
reines em minha vida e governes este mundo. Derrama teu Espírito Santo sobre mim, para que tua
vontade seja feita. Perdoa todos os meus pecados;
ajuda-me a perdoar as outras pessoas. Dependo de
teu sustento, teu perdão e tua proteção contra o
inimigo. Louvo-te por tudo o que és e por tudo o
que fazes.

Orando por quem a ofendeu

Seu Pai celestial os perdoará se perdoarem aqueles que pecam contra vocês.

Mateus 6.14

Senhor, oro para que me ajudes a perdoar qualquer pessoa que tenha me ofendido. Capacita-me a perdoar completamente, de modo que não hesite em pedir-te que derrames grandes bênçãos sobre ela. Livra-me de toda amargura, e ensina-me a viver na liberdade de um coração perdoador, para que haja completa reconciliação entre nós. Não quero sofrer as terríveis consequências do rancor em minha vida. Quero estar livre para receber a cura completa que tens para mim.

Jejue e ore para vencer

*Mas, quando jejuarem, penteiem o cabelo e lavem o
rosto. Desse modo, ninguém notará que estão jejuando,
exceto seu Pai, que sabe o que vocês fazem em segredo.
E seu Pai, que observa em segredo, os recompensará.*

Mateus 6.17-18

Deus, ensina-me a jejuar e orar para tua glória.
Capacita-me a deixar de lado uma de minhas atividades favoritas — comer o alimento que me concedeste — para exaltar-te acima de tudo em minha
vida. Mostra-me a frequência e a duração do jejum,
e capacita-me a cumpri-lo até o fim. Ajuda-me a ter
disposição e força suficientes para jejuar da maneira
que desejas. Obrigada porque, quando jejuo, tu des-
tróis as fortalezas do inimigo em minha vida e que-
bras todas as correntes da perversidade. Oro para
que destruas os pensamentos enganosos que exis-
tem em mim e me libertes dos fardos que carrego.

Peça, procure e bata

Peçam, e receberão. Procurem, e encontrarão.
Batam, e a porta lhes será aberta. Pois todos que
pedem, recebem. Todos que procuram, encontram.
E, para todos que batem, a porta é aberta.

Mateus 7.7-8

Senhor, venho a ti com fé, crendo que recompensas aqueles que te buscam diligentemente. Tua Palavra diz que desejas dar boas dádivas a quem as pede. Peço que os desejos de meu coração se harmonizem com tua vontade, para que se tornem realidade. Bato à porta da oportunidade para minha vida, e sei que ela está sendo aberta por ti.

O valor do tempo passado a sós com Deus

Depois de mandá-las para casa, Jesus subiu sozinho ao monte a fim de orar. Quando anoiteceu, ele ainda estava ali, sozinho.

Mateus 14.23

Querido Pai, ajuda-me a encontrar o tempo de que necessito todos os dias para estar a sós contigo. A luta para livrar-me das diversões e agitações deste mundo parece ser constante, e necessito de mais capacidade para desligar-me de tudo e ter comunhão contigo em oração. Mostra-me onde encontrar um lugar de paz e tranquilidade todos os dias, em que eu possa ouvir tua voz falar ao meu coração.

Criando uma sinfonia de oração

Também lhes digo que, se dois de vocês concordarem aqui na terra a respeito de qualquer coisa que pedirem, meu Pai, no céu, os atenderá.

Mateus 18.19

Deus, ajuda-me a encontrar pessoas tementes a ti com quem eu possa orar de forma rotineira. Oro para que concordemos acerca da verdade de tua Palavra e do poder de teu Santo Espírito. Disseste que uma pessoa pode pôr mil em fuga e duas pessoas podem pôr dez mil em fuga (Dt 32.30). Oro para ter parceiros de oração em número suficiente para pôr em fuga todas as forças do inimigo que atacam nossa vida.

Ore como se sua vida dependesse disso

Se crerem, receberão qualquer coisa
que pedirem em oração.
Mateus 21.22

Senhor, ensina-me a orar. Ajuda-me a pedir não apenas por *minhas* necessidades, mas também pelas necessidades dos outros. Mostra-me como orar sobre tudo o que é necessário. Capacita-me a deixar a teus pés e em tuas mãos todas as coisas pelas quais intercedo. Ensina-me a confiar em ti a ponto de não ter ideias preconcebidas sobre como minhas orações devem ser respondidas. Sei que cabe a mim a missão de orar, e a ti a missão de responder. Auxilia-me a cumprir minha missão e a permitir que cumpras a tua. Faz-me crer que tua resposta será de acordo com tua vontade e em teu tempo.

Pedindo que a vontade de Deus seja feita

Ele avançou um pouco, curvou-se com o rosto no chão e orou: "Meu Pai! Se for possível, afasta de mim este cálice. Contudo, que seja feita a tua vontade, e não a minha".

Mateus 26.39

Pai celestial, meu maior anseio é que tua vontade seja feita em minha vida. Embora eu queira que afastes toda dor e todo sofrimento, meu maior desejo é receber tuas bênçãos. Embora eu deseje que todas as coisas aconteçam à minha maneira, meu maior querer é que tua vontade seja feita, não a minha. Revela-me tua vontade e ajuda-me a orar de acordo com ela.

Recorrendo diretamente a Deus

Então Jesus clamou em alta voz novamente e entregou seu espírito. Naquele momento, a cortina do santuário do templo se rasgou em duas partes, de cima até embaixo.

Mateus 27.50-51

Obrigada, Jesus, porque, quando deste tua vida em sacrifício pela minha, o véu da separação rasgou-se em duas partes, e em teu nome posso recorrer diretamente a Deus em intercessão. Obrigada, Senhor, porque posso levar minhas orações a ti. Ajuda-me a lembrar que posso sempre apresentar-me confiantemente diante de teu trono, com a certeza de que receberei tua graça e misericórdia para amparar-me em tempos de necessidade.

O poder de lutar contra a tentação

Em seguida, o Espírito conduziu Jesus ao deserto, onde
ele foi tentado por Satanás durante quarenta dias.
Estava entre animais selvagens, e anjos o serviam.

Marcos 1.12-13

Senhor, equipa-me para resistir a todas as tentações do inimigo. Capacita-me a estar preparada antes da tentação, a fim de que eu reconheça as táticas do inimigo no momento em que se manifestarem. Ensina-me a repreender o inimigo por meio de um conhecimento mais amplo de tua Palavra. Ajuda-me a não ceder à tentação nem por um momento sequer e a recorrer a ti imediatamente, para permanecer firme.

Libertando-se daquilo que a mantém presa

Jesus respondeu: "Essa espécie só sai com oração".
Marcos 9.29

Pai, leio em tua Palavra que a oração é poderosa e é a chave que nos liberta do mal. Oro para que me ajudes a entender a autoridade que me deste de liberar poder do céu por meio da oração, a fim de que haja liberdade em minha vida e na vida das pessoas por quem intercedo. Ajuda-me a orar todos os dias em teu nome, a fim de lançar fora tudo aquilo que não deve fazer parte de minha vida.

Nada é impossível para Deus

Jesus olhou atentamente para eles e respondeu:
"Para as pessoas isso é impossível, mas não para Deus.
Para Deus, tudo é possível".

Marcos 10.27

Deus, és todo-poderoso e nada é impossível para ti, nem mesmo mudar as circunstâncias mais difíceis de minha vida. Aquilo que não é possível para mim é possível para ti. Por isso peço que faças o impossível para transformar-me numa pessoa santa, cheia de teu amor, paz e alegria. Corrige aquilo que está errado. Capacita-me a fazer coisas grandiosas pelo poder de teu Espírito.

A força do perdão

Quando estiverem orando, se tiverem alguma coisa contra alguém, perdoem-no, para que seu Pai no céu também perdoe seus pecados.

Marcos 11.25

Senhor, oro para que me reveles se há em meu coração algum traço que indique que não perdoei alguém. Sei que já fiz este pedido antes, mas sei também que é fácil deixar que o ressentimento se acumule, embora eu tente não permitir que isso aconteça. Não quero criar obstáculos para receber teu perdão ao não perdoar outra pessoa. Meu desejo é agradar-te, portanto não quero guardar mágoa ou rancor de ninguém.

O preço do perdão

*Quando o oficial romano que estava diante dele viu
como ele havia morrido, exclamou: "Este homem era
verdadeiramente o Filho de Deus!".*
Marcos 15.39

Pai amado, ajuda-me a lembrar sempre o alto preço que pagaste para que eu fosse perdoada. Não quero jamais deixar de dar o devido valor a teu sacrifício na cruz em meu favor, que não necessita de outros sacrifícios. O único sacrifício que devo fazer é agradecer-te e louvar-te por tudo o que tens feito para me libertar das consequências de meus pecados.

Seja santa como Deus é santo

Ele nos enviou poderosa salvação,
[...] para o servirmos sem medo, em santidade
e justiça, enquanto vivermos.
Lucas 1.69,74-75

Deus, ajuda-me a ser santa como tu és santo. Jesus, ajuda-me a andar como tu andaste neste mundo. Capacita-me a ser imitadora tua (Ef 5.1). Lava-me em tua santidade e purifica-me, de dentro para fora, de tudo o que porventura exista em mim que não seja santo. Revela-me se há alguma coisa oculta dentro de mim da qual necessito me livrar — atitudes, pensamentos ou pecados que precisam ser eliminados de minha vida. Separa-me de tudo o que me separa de ti, Senhor. Dá-me a convicção e a força de que necessito para afastar-me de tudo aquilo que não for compatível com tua santidade em mim.

Perdoe e você será perdoada

Não julguem e vocês não serão julgados. Não condenem
e não serão condenados. Perdoem e serão perdoados.

Lucas 6.37

Senhor, mostra-me se preciso pedir perdão a alguém, a fim de que nós dois possamos ser curados e libertados. Senhor, leva embora toda raiva, amargura e ressentimento de meu coração. Derrama teu Espírito sobre mim e purifica-me de tudo o que não provém de ti. Capacita-me a ser uma pessoa que vive no perdão que me concedeste, para que eu possa perdoar livremente as outras pessoas (Ef 4.32).

A autoridade concedida por Deus a nós

*Eu lhes dei autoridade para pisarem
sobre cobras e escorpiões, e sobre todo o poder
do inimigo. Nada lhes causará dano.*

Lucas 10.19

Deus querido, ensina-me sobre a autoridade que me concedeste sobre o inimigo de minha alma. Obrigada, Jesus, porque o inimigo foi derrotado pela obra que realizaste na cruz. Ajuda-me a reconhecer sempre as mentiras e os enganos do diabo e a ser capaz de permanecer firme na verdade de tua Palavra, para que eu impeça o acesso dele à minha vida. Obrigada pela proteção que recebo de ti.

Por que a oração funciona

Eu lhes digo que, embora ele não o faça por amizade,
se você continuar a bater à porta, ele se levantará e lhe
dará tudo o que precisa por causa da sua insistência.
Lucas 11.8

Senhor, ajuda-me a ser destemida e persistente na oração. Não quero ser arrogante nem presunçosa, como se fosse credora tua. Quero confiar na obra que Jesus realizou na cruz para afastar o reino de Satanás e estabelecer o teu. Ajuda-me a ter grande fé para saber que a oração funciona, e confiança suficiente para pedir coisas grandiosas, sabendo que responderás de forma igualmente grandiosa.

Substitua a preocupação pelo tempo com Deus

Qual de vocês, por mais preocupado que esteja, pode acrescentar ao menos uma hora à sua vida?

Lucas 12.25

Pai amado, oro para que me ajudes a não me preocupar com as coisas deste mundo e a passar mais tempo em tua presença. Sei que o tempo que perco com preocupações seria mais bem usado para orar e ouvir tua voz falando a meu coração. Tu és minha fonte de força, esperança, amor, paz e descanso, e quero estar ligada a ti, não às coisas que me preocupam.

Busque o reino de Deus

Não tenham medo, pequeno rebanho, pois seu Pai tem grande alegria em lhes dar o reino.

Lucas 12.32

Senhor, coloco-me humildemente diante de ti. Acima de tudo, busco teu reino e tua soberania em meu coração e em minha vida. Que teu reino seja estabelecido por onde quer que eu vá e em tudo o que eu fizer. Faz de mim um vaso puro para sair destemidamente e proclamar o domínio do Rei Jesus em todos os lugares onde me deste o poder da influência e a oportunidade de fazer isso.

A influência oculta do louvor

Um deles, ao ver-se curado, voltou a Jesus, louvando a Deus em alta voz.

Lucas 17.15

Pai celestial, eu te agradeço as muitas bênçãos que tens concedido à minha vida. Louvo-te especialmente porque és o Deus que me cura, e te agradeço as vezes que me curaste no passado e me curarás no futuro. Obrigada porque, mesmo enquanto te louvo neste instante, tua presença restauradora está fluindo em minha vida e curando-me por completo. Toca-me hoje com teu poder terapêutico.

Ore para que sua fé não desfaleça

Contudo, supliquei em oração por você, Simão, para que sua fé não vacile. Portanto, quando tiver se arrependido e voltado para mim, fortaleça seus irmãos.

Lucas 22.32

Deus Pai, oro para que minha fé não desfaleça quando eu for posta à prova. Ajuda-me a resistir à dúvida e ao medo, para que meu alicerce seja construído solidamente em Cristo e, portanto, não desmorone. Faz de mim uma pessoa capaz de fortalecer as outras, porque grande é minha fé em ti. Capacita-me a permanecer firme em todas as situações.

Pai, perdoa-lhes

*Jesus disse: "Pai, perdoa-lhes, pois não sabem
o que fazem". E os soldados tiraram sortes para dividir
entre si as roupas de Jesus.*
Lucas 23.34

Senhor, oro para que me ajudes a perdoar os outros
da mesma forma que me perdoas. Tu perdoaste voluntariamente aqueles que não mereciam perdão.
Sei que, sem tua ajuda, não conseguirei perdoar as
pessoas que me machucaram profundamente. Sei
também que não me cabe decidir se alguém deve
ser perdoado ou não, por isso peço-te que me ajudes a tirar essa ideia da mente e a ser mais semelhante a ti. Tu és o único que conhece a história
inteira.

Saiba quem é seu Pai

*Mas, a todos que creram nele e o aceitaram, ele deu
o direito de se tornarem filhos de Deus.*

João 1.12

Pai celestial, eu te agradeço porque me deste o direito de ser tua filha (Jo 1.12). Ajuda-me a viver em teu amor e a entender a profundidade de teu cuidado e tua preocupação comigo. Remove as barreiras que me impedem de compreender completamente o que significa confiar em ti como meu Pai celestial. Faz-me parecida contigo. Quero ter olhos, coração e mente iguais aos teus.

Retribuindo o amor de Deus

*Porque Deus amou tanto o mundo que deu
seu Filho único, para que todo o que nele crer
não pereça, mas tenha a vida eterna.*

João 3.16

Jesus, é muito difícil entender um amor tão grande quanto o teu. Entregaste tua vida em meu lugar para que eu pudesse viver contigo para sempre. Peço-te que me ajudes a entregar minha vida inteiramente a ti para cumprir o teu propósito neste mundo. Minha retribuição por teres me amado primeiro é amar-te também de todo o coração. Perdoa-me pelos dias em que não demonstrei amor por ti.

A verdadeira adoração

Mas está chegando a hora, e de fato já chegou,
em que os verdadeiros adoradores adorarão o Pai em
espírito e em verdade. O Pai procura pessoas que
o adorem desse modo.

João 4.23

Senhor, meu maior privilégio é exaltar-te acima de tudo e proclamar que és o Rei dos reis e Senhor dos senhores. Louvo-te por teu Santo Espírito, que me dirige e me consola. Adoro-te por tua sabedoria e revelação. Exalto-te por tua paz e alegria. Obrigada porque estás no comando de minha vida, e nada é difícil para ti. Graças te dou porque me capacitas a fazer o que nunca conseguiria sem ti. Ajuda-me a adorar-te de todas as maneiras que te agradam.

Deus sempre ouve suas preces

Então rolaram a pedra para o lado. Jesus olhou para o céu e disse: "Pai, eu te agradeço porque me ouviste. Tu sempre me ouves, mas eu disse isso por causa de todas as pessoas que estão aqui, para que elas creiam que tu me enviaste".
João 11.41-42

Deus Pai, eu te agradeço porque sou tua filha e co--herdeira de Cristo, por isso posso confiar que sempre ouves minhas orações. Ajuda-me a manter comunhão contínua contigo, da mesma forma que Jesus fez, para sempre andar ao teu lado e glorificar-te por isso. Obrigada por cuidares das inquietações de meu coração.

Bem-vinda à presença do Espírito Santo

E eu pedirei ao Pai, e ele lhes dará outro Encorajador, que nunca os deixará. É o Espírito da verdade. O mundo não o pode receber, pois não o vê e não o conhece.

João 14.16-17

Senhor, ensina-me tudo o que preciso saber a teu respeito. Capacita-me a exibir fidelidade, mansidão e domínio próprio (Gl 5.22-23). Tu és o Espírito que traz sabedoria, graça, santidade e vida. És o Espírito que oferece conselho, poder e conhecimento (Is 11.2). Espírito da verdade, ensina-me a verdade sobre todas as coisas. Obrigada porque me guias e orientas. Obrigada porque és meu Ajudador e Encorajador. Obrigada porque tu em mim me capacitas a agir segundo os teus decretos e a obedecer às tuas leis (Ez 36.27).

Paz em relação ao futuro

Eu lhes deixo um presente, a minha plena paz.
E essa paz que eu lhes dou é um presente que o mundo
não pode dar.

João 14.27

Querido Deus, a única razão para eu ter paz em relação ao futuro é porque meu futuro está em ti. Apesar de não conhecer os detalhes sobre o que virá, sei que sabes todas as coisas e que meu futuro está em tuas mãos. Ajuda-me a andar fielmente contigo todos os dias, em oração e lendo tua Palavra, para cumprir teus propósitos para minha vida.

Permanecendo nele

Mas, se vocês permanecerem em mim e minhas palavras
permanecerem em vocês, pedirão o que quiserem,
e isso lhes será concedido!
João 15.7

Senhor, ajuda-me a caminhar perto de ti todos os dias e a permanecer em constante comunhão contigo, quando oro e quando te ouço falar a meu coração. Auxilia-me a permanecer firme em tua Palavra, a aprender mais a teu respeito e a conhecer-te melhor. Capacita-me também a ter mais conhecimento de teus caminhos e de tua vontade.

Deus vê o coração que se inclina a ele

*Pois o próprio Pai os ama, porque vocês
me amam e creem que eu vim de Deus.*
João 16.27

Deus amado, oro para ter um coração de amor por ti e por teus caminhos, e sempre agradável a teus olhos. Não quero ser uma pessoa que demonstra amor por ti somente com palavras. Quero demonstrá-lo com ações, obediência às tuas leis e meu modo de viver. Obrigada porque me amas o tempo todo, mesmo quando não faço tudo o que é certo.

A oração de Jesus por você

Não te peço apenas por estes discípulos, mas também por todos que crerão em mim por meio da mensagem deles. Minha oração é que todos eles sejam um, como nós somos um, como tu estás em mim, Pai, e eu estou em ti.

João 17.20-21

Senhor Jesus, assim como oraste por mim para ser um contigo e com os outros, oro para que me capacites a fazer isso. Ajuda-me a estar sempre em união com outras pessoas que creem em ti, não importa a qual igreja, raça, cultura, denominação, cidade ou país elas pertençam. Usa esta união contigo e com os outros para atrair os não cristãos a ti. Usa-a para fazer-nos orar juntos com poder.

Crer sem ver

Então Jesus lhe disse: "Você crê porque me viu. Felizes são aqueles que creem sem ver".
João 20.29

Senhor, sei que desejas me abençoar de inúmeras maneiras que exigem que eu creia sem ver. Ajuda-me a ter esse tipo de fé tão firme de que necessito, a fim de vencer todas as dúvidas. Ensina-me a crer em tua Palavra e tuas promessas, e em teu amor, tua bondade e teu poder. Auxilia-me a confiar que respondes às minhas orações mesmo quando não consigo ver as respostas.

Dedique-se sempre à oração

Todos se dedicavam de coração ao ensino dos apóstolos, à comunhão, ao partir do pão e à oração.

Atos 2.42

Querido Deus, ajuda-me a ser diligente no estudo de tua Palavra. Ensina-me sobre ela, para que eu a entenda perfeitamente. Leva-me a ter comunhão com outros cristãos, para que possamos orar juntos com frequência. Capacita-me a manter uma linha direta contigo por meio da oração constante e dedicada, enquanto trazes à minha mente os assuntos que devem ser incluídos nas minhas preces.

Intercessão por líderes e servos espirituais

Esses sete foram apresentados aos apóstolos, que oraram por eles e lhes impuseram as mãos.
Atos 6.6

Pai, peço que abençoes as pessoas que dedicam tempo integral ao ministério. Oro primeiro por meu pastor e sua família, pedindo que os abençoes de todas as formas. Oro pelos outros pastores e membros da liderança de minha igreja, para que sejam abençoados por ti e dirigidos por teu Espírito. Guarda-os e protege-os dos ataques dos inimigos. Ajuda-os a permanecer firmes diante das tentações.

Enxergando no escuro

O Senhor lhe disse: "Vá à rua Direita, à casa de Judas.
Ao chegar, pergunte por um homem de Tarso chamado
Saulo. Ele está orando neste momento".

Atos 9.11

Senhor, assim como apareceste a Saulo e o cegaste a fim de chamar-lhe a atenção e promover uma reviravolta milagrosa em sua vida, sei que às vezes tu me permites ir a lugares escuros de minha vida, nos quais não consigo enxergar sem tua ajuda. Nessas ocasiões, capacita-me a agir como Saulo e a orar com fervor, para que minha visão espiritual seja restaurada e tua vontade seja feita.

Mudando o mundo
com nossas orações

*Certo dia, enquanto adoravam o Senhor e jejuavam,
o Espírito Santo disse: "Separem-me Barnabé e
Saulo para realizarem o trabalho para o
qual os chamei".*
Atos 13.2

Deus, sei que meu chamado e propósito são revelados em oração. Sei que eles estão definidos no conjunto de membros da igreja com os quais posso crescer espiritualmente. Ajuda-me a fazer parte do corpo da igreja que escolheste para mim, de forma que eu possa orar com outros cristãos em união e com poder, e ser purificada por teu Espírito. Capacita-me a realizar a obra que reservaste para mim.

Jejuando quando enfrento situações difíceis

Paulo e Barnabé também escolheram presbíteros em cada igreja e, com orações e jejuns, os entregaram aos cuidados do Senhor, em quem haviam crido.

Atos 14.23

Pai, sei que quando jejuo minhas orações adquirem novo poder. Ajuda-me a jejuar e orar quando tiver de tomar decisões importantes e necessitar de tua orientação. Auxilia-me a ter a disciplina de jejuar com regularidade, para estar preparada quando tiver de tomar decisões rápidas. Prepara-me para saber lidar com as excelentes oportunidades que planejaste para mim.

Uma oração de despedida

*Ao fim de nosso tempo ali, voltamos ao navio, e toda
a congregação, incluindo mulheres e crianças, saiu
da cidade e nos acompanhou até a praia. Ali nos
ajoelhamos, oramos e nos despedimos.*

Atos 21.5-6

Amado Deus, ajuda-me a lembrar que, quando eu estiver com pessoas prestes a viajar — seja uma viagem longa, seja curta —, preciso orar por elas para que tu as protejas e dirijas. Lembra-me de orar pelos membros de minha família que estão saindo de casa hoje para enfrentar o dia, ou por alguma visita em minha casa que esteja prestes a partir a fim de retornar às suas atividades profissionais ou voltar para casa.

Deus nunca nos decepciona

*E essa esperança não nos decepcionará, pois sabemos
quanto Deus nos ama, uma vez que ele nos deu o
Espírito Santo para nos encher o coração com seu amor.*
Romanos 5.5

Senhor, quando eu interceder por uma pessoa e
situação e não vir mudanças, não quero pôr a esperança na resposta à oração, mas em ti, o único
que *responde* às minhas preces. Se coloquei minha
esperança e minhas expectativas em pessoas ou
circunstâncias, confesso-te meu pecado de falta de
fé em ti e em tua Palavra. Recebo consolo em tua
Palavra e em tuas promessas. Confio em ti, o Deus
da esperança, que tens me dado todos os motivos
para não desistir. Tua presença foi o lugar em que
meu coração encontrou morada.

Receba tudo o que Jesus lhe ofereceu ao morrer por você

Uma vez que Cristo habita em vocês, embora o corpo morra por causa do pecado, o Espírito lhes dá vida porque vocês foram declarados justos diante de Deus.
Romanos 8.10

Jesus Cristo, eu te agradeço porque tenho o Espírito Santo dentro de mim e não sou mais controlada pela carne. Obrigada porque tenho acesso a uma vida de esperança, cura, poder, amor, liberdade, realização e propósito. Ajuda-me a entender tudo o que realizaste na cruz. Capacita-me a viver como a nova criação para a qual me fizeste. Mostra-me como ver minha vida sob tua perspectiva. Ensina-me a receber tudo o que me ofereceste ao morrer por mim.

Sinta a presença do Espírito Santo

Pois vocês não receberam um espírito que os torne, de novo, escravos medrosos, mas sim o Espírito de Deus, que os adotou como seus próprios filhos. Agora nós o chamamos "Aba, Pai", pois o seu Espírito confirma a nosso espírito que somos filhos de Deus.

Romanos 8.14-16

Senhor, em tua presença tudo faz sentido. Quando estou contigo, sinto tua paz, teu amor e tua alegria crescendo em mim. Quando não passo tempo suficiente contigo, perco grandemente aquela sensação inestimável da plenitude de tua presença. Venho a ti para pedir que me reabasteças com teu Santo Espírito hoje. Purifica-me com tua água viva. Lava todos os resquícios de dúvida, medo ou ansiedade de meu coração. Leva embora tudo o que não procede de ti. Realiza uma obra completa em mim, para que eu possa demonstrar teu puro amor aos outros.

Quando as palavras não vêm à boca

E o Espírito nos ajuda em nossa fraqueza, pois não sabemos orar segundo a vontade de Deus, mas o próprio Espírito intercede por nós com gemidos que não podem ser expressos em palavras. E o Pai, que conhece cada coração, sabe quais são as intenções do Espírito, pois o Espírito intercede por nós, o povo santo, segundo a vontade de Deus.

Romanos 8.26-27

Deus, não sei como orar a respeito de certas coisas, mas *tu* sabes. Espírito Santo, ajuda-me em minha fraqueza e intercede *por* mim e *junto* a mim. Tu conheces a vontade do Pai e sabes conduzir a oração. Guia-me e ensina-me, principalmente quando me faltam palavras. Auxilia-me a transmitir meus pensamentos mais profundos, meus temores e minhas dúvidas, para que minhas orações sejam agradáveis a ti.

Reconheça seu propósito e esforce-se para cumpri-lo

E sabemos que Deus faz todas as coisas cooperarem para o bem daqueles que o amam e que são chamados de acordo com seu propósito.
Romanos 8.28

Pai, tu me conhecias antes de eu nascer. Obrigada porque me predestinaste a ser salva e semelhante à imagem de Jesus. Dá-me um sentido claro de teu propósito para mim. Que tudo o que eu fizer seja para cumprir teus planos para minha vida. Mostra-me os dons que me deste e ensina-me a desenvolvê-los melhor e a usá-los para te agradar. Ajuda-me a viver cada dia com a sensação profunda de teu propósito em minha vida.

Nada é capaz de me separar de teu amor

E estou convencido de que nem morte nem vida, nem anjos nem demônios, nem o que existe hoje nem o que virá no futuro, nem poderes, nem altura nem profundidade, nada, em toda a criação, jamais poderá nos separar do amor de Deus revelado em Cristo Jesus, nosso Senhor.
Romanos 8.38-39

Senhor, enche-me o coração com uma dose maior de teu amor para que eu seja tudo aquilo que planejaste para mim. Dá-me teu coração de compaixão pelos outros. Oro para que derrames teu amor sobre mim de tal forma que ele transborde para outras pessoas e que elas sintam isso. Mostra-me como exprimir amor em cada situação. Sou imensamente grata a ti porque nada é capaz de me separar de teu amor, não importa aonde eu vá e o que eu faça — nem mesmo os erros que cometo (Rm 8.35-39). Obrigada, Senhor, por teu amor infalível e pela misericórdia que me cerca porque confio em ti.

Cuidando do corpo
para agradar a Deus

*Portanto, irmãos, suplico-lhes que entreguem seu corpo
a Deus, por causa de tudo que ele fez por vocês. Que seja
um sacrifício vivo e santo, do tipo que Deus considera
agradável. Essa é a verdadeira forma de adorá-lo.*

Romanos 12.1

Deus, ajuda-me a descansar à noite, pois me criaste
para ter o repouso necessário. Ajuda-me a exerci-
tar-me adequadamente, para que meu corpo permaneça saudável, ativo e forte. Se ao longo da vida
adquiri maus hábitos, deixando de cuidar de meu
corpo como deveria, peço-te que me reveles quais
são e me capacites a tomar as medidas necessárias
para abandoná-los. Ensina-me a amar e apreciar
meu corpo, e não criticá-lo. Capacita-me a escolher
a vida (Dt 30.19). Embora meu corpo e meu coração possam fraquejar, tu és a força de meu coração
para sempre (Sl 73.26).

Controle os pensamentos

Não imitem o comportamento e os costumes deste
mundo, mas deixem que Deus os transforme por
meio de uma mudança em seu modo de pensar, a
fim de que experimentem a boa, agradável e perfeita
vontade de Deus para vocês.
Romanos 12.2

Pai querido, ajuda-me a lançar fora todo pensamento que não te glorifique. Capacita-me a levar meus pensamentos cativos para torná-los obedientes a ti e aos teus caminhos. Mostra-me se há algo em meu coração e mente que não sejam de teu agrado. "Põe-me à prova, Senhor, e examina-me; investiga meu coração e minha mente" (Sl 26.2). Ensina-me a viver cada dia com o amor, o poder e a mente firme que tu me concedeste. Dá-me clareza de pensamento, de forma que eu jamais me confunda.

Seja fiel na oração

Alegrem-se em nossa esperança. Sejam pacientes nas dificuldades e não parem de orar.

Romanos 12.12

Senhor, torna-me uma pessoa que ora com poder. Ensina-me a ser uma guerreira de oração, uma guerreira que ora fielmente. Não quero ser alguém que ora esporadicamente. Quero ser uma pessoa tão cheia de alegria e esperança que prevê coisas grandiosas resultantes de cada oração. Ajuda-me a ter uma fé tão grande que me impulsione a orar e nunca desistir.

Ponha sua esperança no Senhor

*Que Deus, a fonte de esperança, os encha inteiramente de
alegria e paz, em vista da fé que vocês depositam nele,
de modo que vocês transbordem de esperança,
pelo poder do Espírito Santo.*

Romanos 15.13

Deus amoroso, ponho em ti toda minha fé e expectativa. Sei que não há esperança sem ti (Ef 2.12), por isso a coloco inteiramente em tua pessoa (Sl 39.7). Quando eu for tentada a desistir, principalmente por não receber respostas às minhas orações por um longo tempo, ajuda-me a voltar a olhar para ti. Capacita-me a pôr um fim a todos os sentimentos de desesperança em minha vida. Mostra-me que não são verdadeiros e que somente tua Palavra é a verdade.

Orando em tempos bons

Portanto, se vocês pensam que estão de pé,
cuidem para que não caiam.
1Coríntios 10.12

Pai, eu te adoro e te rendo graças por tua bondade comigo. Obrigada porque me salvaste e me transformaste para teu propósito maior. Ajuda-me a lembrar-me de orar fervorosamente a ti nos tempos bons da mesma forma que oro nos tempos maus. Não quero jamais imaginar que sou capaz de permanecer firme sem a misericórdia e a graça que estendes a mim. Em tempos de bênçãos, quero orar de maneira tão fervorosa quanto oro em tempos de aflição.

Deus providenciará uma saída

As tentações em sua vida não são diferentes daquelas que outros enfrentaram. Deus é fiel, e ele não permitirá tentações maiores do que vocês podem suportar. Quando forem tentados, ele mostrará uma saída para que consigam resistir.
1Coríntios 10.13

Senhor, declaro que o pecado não terá domínio sobre mim porque, por teu poder e graça, sou capaz de resistir a ele. Sei que não permanecerei firme se não me apoiar na verdade de tua Palavra. Senhor, eu te agradeço porque não permitirás que eu seja tentada além do que posso suportar. Obrigada por providenciares um escape para a tentação (1Co 10.13). Recorro a ti, Senhor, e peço que, pelo poder de teu Santo Espírito, me ajudes a enfrentar as investidas do inimigo.

Trate de seu corpo como santuário de Deus

Portanto, quer vocês comam, quer vocês bebam,
quer façam qualquer outra coisa,
façam para a glória de Deus.
1Coríntios 10.31

Deus, dedico meu corpo a ti como templo de teu Santo Espírito. Ensina-me a cuidar dele corretamente. Mostra-me o que devo comer e o que devo evitar. Afasta todo desejo de comida que me seja nocivo. Dá-me equilíbrio e sabedoria. Ajuda-me a purificar-me de tudo o que contamina meu corpo e espírito para que eu te reverencie. Mostra-me se permiti que um estresse desnecessário tivesse domínio sobre minha vida, e auxilia-me a tomar providências para aliviá-lo. Ensina-me a simplificar minha vida, para que eu viva melhor e com mais saúde.

A importância da saúde espiritual

Por esse motivo, e também por causa dos anjos, a mulher deve cobrir a cabeça, para mostrar que está debaixo de autoridade.
1Coríntios 11.10

Pai, ajuda-me a relacionar-me corretamente com as autoridades que puseste em minha vida. Sei que elas estão ali para me proteger. Quero que minha vida esteja em perfeita ordem, por isso eu me submeto da maneira correta. Não quero que nada retarde ou evite que eu seja tudo aquilo para o qual me criaste. Auxilia-me a ter um coração reto e submisso a ti e às autoridades.

Os dons maravilhosos concedidos por Deus

Que o amor seja seu maior objetivo! Contudo, desejem também os dons espirituais, especialmente a capacidade de profetizar.
1Coríntios 14.1

Obrigada, Senhor, pelos muitos dons que me concedeste. Obrigada pelos dons de salvação, justificação, retidão, vida eterna e graça. Obrigada pelos dons de amor, paz e alegria. Obrigada porque eu nunca deixarei de recebê-los, pois és meu Pai eterno e nunca falhas. Dá-me capacidade para ter sempre no coração uma palavra vinda de ti a fim de partilhá-la com os outros.

Encontrando ordem e paz

Pois Deus não é Deus de desordem, mas de paz.
1Coríntios 14.33

Pai celestial, sei que és Deus de ordem e que a ordem traz paz. Ajuda-me a manter essa mesma ordem e paz em minha vida. Dá-me sabedoria para não permitir que nada que perturbe essa ordem e paz exerça influência sobre mim. Enche a minha mente com tua Palavra e a minha alma com teu Espírito, de modo que não haja espaço para as promessas falsas do inimigo.

A oração faz
o amor crescer

E eles orarão por vocês com profundo afeto, por causa da graça transbordante que Deus concedeu a vocês.
2Coríntios 9.14

Deus, há certas pessoas por quem quero interceder porque sei que me darás teu coração cheio de amor por elas. Ajuda-me a orar especialmente por aquelas que me ofenderam. Obrigada porque, quando oro por essas pessoas, minha vida muda e a delas também. Quero ter um coração sem mágoas, sofrimento e rancor, para poder amar os outros da mesma forma que me amas.

Permaneça firme em tempos difíceis

Mas ele disse: "Minha graça é tudo de que você precisa. Meu poder opera melhor na fraqueza". Portanto, agora fico feliz de me orgulhar de minhas fraquezas, para que o poder de Deus opere por meu intermédio.
2Coríntios 12.9

Senhor, oro para que me ajudes a permanecer firme em tudo o que conheço de ti. Ensina-me a seguir tua Palavra em todas as circunstâncias de minha vida. Reconheço que sou fraca, mas alegro-me porque me dás força, principalmente em tempos de provações e dificuldades. Mostra-me como extrair lições de cada problema que eu enfrentar. Conduz-me no caminho que tens para mim. Não quero dar um só passo sem ti. Socorre-me na situação em que me encontro. Leva embora toda falta de esperança, todo medo, toda dúvida ou frustração. Capacita-me a perseverar na fé e sempre me sujeitar à tua vontade.

Quando o fracasso dos outros põe nossa fé à prova

Oramos a Deus para que vocês não façam o que é mau, não para que pareça que fomos aprovados em nosso serviço, mas para que façam o que é certo, mesmo que pareça que fomos reprovados ao repreendê-los. Pois não podemos resistir à verdade, mas devemos sempre defendê-la. Ficamos alegres quando estamos fracos, se isso ajudar a mostrar que, na realidade, vocês estão fortes. Oramos para que sejam restaurados.

2Coríntios 13.7-9

Senhor Deus, quando eu vir falhas em algum servo teu, oro para que isso não abale nem um pouco minha fé. Ajuda-me a agir corretamente e a permanecer firme em ti, independentemente do que a outra pessoa estiver fazendo. Dá-me aquela fé que não depende da ascensão nem da queda dos outros. Sei que não falhas, mesmo que outras pessoas falhem, e isso é tudo o que importa.

Confiança em Deus

Fui crucificado com Cristo; assim, já não sou eu quem vive, mas Cristo vive em mim. Portanto, vivo neste corpo terreno pela fé no Filho de Deus, que me amou e se entregou por mim.
Gálatas 2.20

Pai, és tudo para mim. Sei que, graças a ti, nunca ficarei sem amor, alegria, esperança, poder, proteção e sustento. Graças a ti, posso superar as limitações e viver em paz, sabendo que, quando vivo em teus caminhos, ages em todas as coisas para meu bem. Abre-me os olhos mais e mais para tua verdade. Capacita-me a reconhecer e entender tuas promessas feitas a mim, a fim de que eu rejeite toda dúvida em minha vida. Ajuda-me a confiar em ti em todas as coisas, todos os dias.

Caminhando em direção à liberdade de Deus

Portanto, permaneçam firmes nessa liberdade, pois Cristo verdadeiramente nos libertou. Não se submetam novamente à escravidão da lei.

Gálatas 5.1

Senhor, faz-me permanecer firme na liberdade que me deste. Obrigada, Jesus, porque entregaste tua vida para que eu pudesse me libertar do jugo da escravidão do inimigo de minha alma. Ajuda-me a não me enredar nele novamente. Peço que me alertes quando eu aceitar algum tipo de escravidão do qual me libertaste quando morreste por mim.

Tenha relacionamentos saudáveis

Porque vocês, irmãos, foram chamados para viver em
liberdade. Não a usem, porém, para satizfazer sua
natureza humana. Ao contrário, usem-na para servir
uns aos outros em amor.
Gálatas 5.13

Pai, oro para que envies pessoas à minha vida que sejam piedosas, sábias e firmes no conhecimento de ti. Ajuda-nos a contribuir para a qualidade de vida uns dos outros. Auxilia-me a sempre manifestar teu amor aos outros. Capacita-me a amar os outros como a mim mesma (Gl 5.14). Faz-me estar sempre pronta para perdoar em qualquer relacionamento. Mostra-me os relacionamentos pelos quais devo lutar para manter e revela-me quando ele for destrutivo. Oro para que teu Santo Espírito me oriente nessa questão. Peço que estejas no controle de todos os meus relacionamentos, para que sejam conduzidos de acordo com tua vontade.

Curve-se diante
da santidade divina

Mesmo antes de criar o mundo, Deus nos amou e nos escolheu em Cristo para sermos santos e sem culpa diante dele.
Efésios 1.4

Santo Deus, és poderoso e tens feito coisas grandiosas por mim. Santo é o teu nome. Ajuda-me a manter um coração humilde de adoração perante ti. És digno de todo louvor, honra e glória, porque só tu és santo. "Ó Senhor, honrarei e louvarei teu nome, pois és meu Deus. Fazes coisas maravilhosas! Tu as planejaste há muito tempo e agora as realizaste" (Is 25.1). Canto louvores a ti, Senhor, e louvo o teu santo nome (Sl 30.4). Curvo-me diante de ti para adorar-te no esplendor do teu santuário (Sl 29.2).

Vendo o poder de Deus em ação

Oro para que seu coração seja iluminado, a fim de que compreendam a esperança concedida àqueles que ele chamou e a rica e gloriosa herança que ele deu a seu povo santo. Também oro para que entendam a grandeza insuperável do poder de Deus para conosco, os que cremos.

Efésios 1.18-19

Pai amado, oro para que os olhos de meu coração se abram para ver a esperança para a qual me chamaste. Ajuda-me a entender minha herança verdadeira e gloriosa. Capacita-me a compreender a magnitude de teu poder em meu favor, porque creio em ti. Busco mais de tua presença e de teu poder, para vê-los manifestados em minha vida.

Vivendo na graça de Jesus

*A cada um de nós, porém, ele concedeu uma dádiva,
por meio da generosidade de Cristo.*

Efésios 4.7

Senhor, teu amor infalível é o maior consolo para mim. Obrigada porque nada pode me separar de teu amor (Rm 8.35). Obrigada por tua graça que me concede muito mais do que mereço. Agradeço-te, Jesus, porque tomaste sobre ti a consequência de meu pecado. Oro para que me reveles todos os "segredos do reino dos céus" (Mt 13.11). Ajuda-me a buscar teu reino todos os dias e a viver de acordo com os dons que me concedeste.

Ande no caminho
do perdão

Sejam bondosos e tenham compaixão uns dos outros,
perdoando-se como Deus os perdoou em Cristo.
Efésios 4.32

Deus, obrigada porque me perdoaste e não te lembras mais de meus pecados (Hb 8.12). Mostra-me se há algum pecado que eu deva te apresentar hoje e confessá-lo diante de ti para me libertar dele. Peço especialmente que me reveles se há algum lugar em meu coração em que deixei de perdoar alguém. Não quero mais conviver com essa falta de perdão. Ajuda-me a perdoar da mesma forma que tu me perdoaste. Auxilia-me sempre a perdoar rapidamente e a não esperar que a outra pessoa diga ou faça aquilo que eu acho que ela deva dizer ou fazer.

Equipando-se para a batalha

Vistam toda a armadura de Deus, para que possam permanecer firmes contra as estratégias do diabo. [...] Orem no Espírito em todos os momentos e ocasiões. Permaneçam atentos e sejam persistentes em suas orações por todo o povo santo.

Efésios 6.11,18

Senhor, depois que passei a viver em comunhão contigo, o inimigo passou a guerrear contra mim. Ajuda-me a vestir a armadura espiritual completa que me deste. Ensina-me o que ela significa para eu aprender a mantê-la. Capacita-me a entender totalmente as profundezas da verdade, da retidão, da caminhada com Cristo, da salvação, da oração poderosa e da espada do Espírito, que é a tua Palavra. Auxilia-me a viver de acordo com ela.

A oração e a ação de graças trazem paz

*Não vivam preocupados com coisa alguma;
em vez disso, orem a Deus pedindo aquilo de que
precisam e agradecendo-lhe por tudo que ele já fez.
Então vocês experimentarão a paz de Deus, que
excede todo entendimento e que guardará seu
coração e sua mente em Cristo Jesus.*

Filipenses 4.6-7

Querido Pai, ajuda-me a não andar ansiosa por coisa alguma nem viver preocupada. Em lugar disso, quero aprender a orar e a interceder. Capacita-me a te louvar e adorar diante de qualquer força que se oponha a mim. Auxilia-me a levar todas as preocupações a ti, deixá-las a teus pés e abandonar os pensamentos que suscitam dúvidas. Enche-me com tua paz que excede todo entendimento, para que meu coração e minha mente sejam protegidos

O poder da intercessão

Por isso, desde que ouvimos falar a seu respeito, não deixamos de orar por vocês. Pedimos a Deus que lhes conceda pleno conhecimento de sua vontade e também sabedoria e entendimento espiritual.

Colossenses 1.9

Senhor, oro pelas pessoas que colocaste em minha vida e em meu coração. Dá-lhes sabedoria, percepção e conhecimento de tua vontade, para que permaneçam no caminho que traçaste para elas. Oro para que aprendam a ouvir tua voz e passem a te conhecer melhor, de modo que sejam capazes de caminhar bem perto de ti. Peço-te também que me concedas tudo isso.

Aguardando respostas

*Dediquem-se à oração com a mente
alerta e o coração agradecido.*

Colossenses 4.2

Pai, sei que teus julgamentos são perfeitos, por isso te louvo acima de tudo — até mesmo de meus desejos e minhas expectativas. Nada me abalará, nem sequer orações aparentemente não respondidas. Quando eu não receber respostas às minhas preces, abre-me os olhos para ver a situação sob tua perspectiva. Sou grata porque tu, o Deus onipotente e onisciente do universo, és também meu Pai celestial, que me ama incondicionalmente e nunca me abandonará. Obrigada porque me ouves e respondes às minhas orações.

Como fazer a vontade de Deus sempre

Estejam sempre alegres. Nunca deixem de orar.
Sejam gratos em todas as circunstâncias, pois essa é
a vontade de Deus para vocês em Cristo Jesus.
1Tessalonicenses 5.16-18

Deus, sei que desejas sempre que eu me alegre, ore com frequência e te agradeça em todas as circunstâncias. Lembra-me de tua vontade a esse respeito, mesmo quando não vejo respostas às minhas orações da maneira como gostaria. Aconteça o que for em minha vida, sei que és maior do que qualquer coisa que eu venha a enfrentar. Mesmo em tempos difíceis, quero sempre fazer tua vontade.

Orando pelas pessoas que precisam das boas-novas

Finalmente, irmãos, pedimos que orem por nós.
Orem para que a mensagem do Senhor se espalhe
rapidamente e seja honrada por onde quer que vá,
como aconteceu quando chegou a vocês.

2Tessalonicenses 3.1

Senhor, usa-me para levar as boas-novas da salvação em Jesus a quem ainda não te conhece. Assim como usaste outras pessoas poderosamente em minha vida, dá-me as palavras certas na hora certa, para que os corações que estiverem preparados para te conhecer sejam atraídos a ti. Oro também pelos homens e pelas mulheres que necessitam das boas-novas. Abre-lhes o coração para que recebam tudo o que tens preparado para eles.

Orando juntos e em comunhão

Quero, portanto, que em todo lugar de culto os homens orem com mãos santas levantadas, livres de ira e de controvérsias.
1Timóteo 2.8

Deus, ajuda-me a encontrar outros cristãos que orem comigo. Coloca em minha vida parceiros de oração com quem eu ore com poder. Ajuda-nos a ter uma comunhão tão grande contigo a ponto de sermos um só no Espírito, mesmo que haja discordância entre nós. Oro para que todos nós creiamos em tua Palavra, para que nossas orações se elevem a ti em uma só voz.

Lembrando-se dos outros em oração

Dou graças por você ao Deus que sirvo com a consciência limpa, como o serviram meus antepassados. Sempre me lembro de você em minhas orações, noite e dia.

2Timóteo 1.3

Pai, ajuda-me a não esquecer ninguém em minhas orações. Mostra-me, acima de tudo, as pessoas que se sentem esquecidas, para que eu me lembre delas em intercessão. Traz-me à mente pessoas que necessitam de um milagre de cura ou ajuda. Mostra-me quem necessita ouvir tua voz para receber orientação. Capacita as pessoas por quem oro a sentir teu amor na vida delas. Mostra-me algo mais que eu possa fazer.

Peça ousadia para falar de sua fé

Oro para que você ponha em prática a comunhão que vem da fé, à medida que entender e experimentar todas as coisas boas que temos em Cristo.
Filemom 1.6

Deus, ajuda-me a vencer a timidez que tenho quando se trata de falar de minha fé com não cristãos. Não conheço presente maior para oferecer a alguém do que teu amor e as boas-novas da salvação em Cristo, mas quero ser sempre sensível à tua orientação, de modo que eu não aparente ser insensível às necessidades dos outros. Ensina-me a ter sempre uma noção exata do tempo e das palavras certas a dizer.

Creia na palavra de Deus

Pois a palavra de Deus é viva e poderosa. É mais cortante que qualquer espada de dois gumes, penetrando entre a alma e o espírito, entre a junta e a medula, e trazendo à luz até os pensamentos e desejos mais íntimos.

Hebreus 4.12

Senhor, ajuda-me a meditar em tua Palavra todos os dias e todas as noites. Quero ser como árvore plantada à beira de águas correntes, que dá fruto no tempo certo e não murcha, para que prospere tudo o que eu fizer (Sl 1.1-3). Capacita-me a viver em teus caminhos, de modo que minhas orações sejam agradáveis a ti (Pv 28.9). Tua Palavra revela o que se passa em meu coração. Peço que o purifiques de todo mal e apontes tudo o que não for da tua vontade para minha vida. Ensina-me a viver corretamente para que minha vida seja aquela que planejaste para mim.

Aproxime-se do trono de Deus com confiança

Nosso Sumo Sacerdote entende nossas fraquezas,
pois enfrentou as mesmas tentações que nós,
mas nunca pecou. Assim, aproximemo-nos
com toda confiança do trono da graça, onde
receberemos misericórdia e encontraremos graça
para nos ajudar quando for preciso.
Hebreus 4.15-16

Obrigada, Jesus, porque entendes minhas fraquezas e tentações, pois foste tentado de todas as formas, mas não pecaste. Sei que posso recorrer a ti e receber ajuda, porque entendes minhas lutas. Capacita-me a aproximar-me de ti com confiança, sabendo que me ampararás em tempos de necessidade.

Substitua a dúvida pela fé inabalável

Sem fé é impossível agradar a Deus. Quem deseja se aproximar de Deus deve crer que ele existe e que recompensa aqueles que o buscam.

Hebreus 11.6

Deus, obrigada pelo dom da fé que me concedeste. Aumenta-me a fé todos os dias quando leio tua Palavra. Dá-me grande fé para crer que responderás às minhas orações. Sei que não cabe a mim tentar determinar o tamanho de minha fé. Isso vem de teu Espírito e de tua Palavra. Sei que se fizer qualquer coisa sem convicção, estarei pecando (Rm 14.23), por isso confesso todas as dúvidas dentro de mim. Oro para que fortaleças minha fé a fim de que eu possa sempre agradar a ti.

Ouvindo a voz de Deus

Que o Deus da paz [...] os capacite em tudo que precisam para fazer a vontade dele. Que ele produza em vocês, mediante o poder de Jesus Cristo, tudo que é agradável a ele, a quem seja a glória para todo o sempre!
Hebreus 13.20-21

Pai, ajuda-me a não me apegar a coisas que não procedem de ti. Quero apegar-me a ti em vez de apegar-me a meus sonhos. Quando eu atravessar tempos difíceis, mostra-me que essa provação está de acordo com tua vontade, não importa se fiz algo errado ou se agi corretamente. Senhor, só tu sabes o que é certo para mim. Leva-me a ouvir tua voz a me guiar. Transforma-me para que eu faça a tua vontade. Faz-me perseverante, a fim de receber todas as promessas que tens para mim.

Passando por provações com a força de Deus

Meus irmãos, considerem motivo de grande alegria sempre que passarem por qualquer tipo de provação, pois sabem que, quando sua fé é provada, a perseverança tem a oportunidade de crescer. E é necessário que ela cresça, pois quando estiver plenamente desenvolvida vocês serão maduros e completos, sem que nada lhes falte.
Tiago 1.2-4

Senhor, obrigada porque me ajudas a permanecer firme. Tu me armaste de força para a batalha. Faz-me permanecer firme em ti e jamais vacilar, aconteça o que for. Ensina-me a descansar em ti, sabendo que me darás tudo de que necessito para o momento que eu estiver atravessando. Estou determinada a considerar motivo de grande alegria quando passar por provações, para que tua obra perfeita seja realizada em mim (Tg 1.2-4). "Ainda que eu esteja cercado de aflições, tu me protegerás da ira de meus inimigos" (Sl 138.7).

Pedindo sabedoria a Deus

Se algum de vocês precisar de sabedoria,
peça a nosso Deus generoso, e receberá.
Ele não os repreenderá por pedirem.
Tiago 1.5

Deus, peço-te sabedoria, porque sei que a verdadeira sabedoria provém somente de ti. Obrigada porque tua Palavra promete que me darás sabedoria quando eu a pedir. Ajuda-me a ser sábia todos os dias, em cada decisão que eu tiver de tomar, principalmente quando precisar agir rapidamente. Mostra-me o que fazer e o que não fazer em qualquer situação. Obrigada por tua generosidade.

Aprendendo a crer

Mas, quando pedirem, façam-no com fé, sem vacilar,
pois aquele que duvida é como a onda do mar,
empurrada e agitada pelo vento.
Tiago 1.6

Pai amado, aumenta-me a fé para crer em coisas grandiosas. Ajuda-me a ter fé suficiente para não orar pedindo coisas pequenas. Sei que não devo confiar na fé em si, mas confiar em ti. Sei que não devo confiar em minha capacidade de crer, mas acreditar em tua capacidade e promessa de ouvir e responder. Afasta de mim toda incredulidade.

A oração poderosa e eficaz

*Portanto, confessem seus pecados uns aos outros
e orem uns pelos outros para serem curados.
A oração de um justo tem grande poder
e produz grandes resultados.*
Tiago 5.16

Senhor Jesus, sou imensamente grata porque minha retidão não depende de eu fazer tudo de maneira perfeita, mas porque fazes tudo de maneira perfeita. Sou considerada uma pessoa justa por causa de teu sacrifício na cruz. Ajuda-me a confessar meus pecados não apenas a ti, mas também a outras pessoas que prejudiquei, para que a cura recaia sobre todos nós. Obrigada porque transformas minha oração em uma arma poderosa e eficaz.

Deus ouve nossas preces e vê nosso coração

Os olhos do Senhor estão sobre os justos, e os seus ouvidos, abertos para suas orações. O Senhor, porém, volta o rosto contra os que praticam o mal.

1Pedro 3.12

Deus querido, obrigada porque vês meu coração e ouves minhas orações. Sou imensamente grata porque, quando olhas para mim, tu vês a retidão de Jesus *em* mim, não a pecadora que fui antes de aceitá-lo em minha vida. Obrigada porque ouves minhas orações e, acima de tudo, vês minhas necessidades e respondes aos clamores de meu coração.

Diga um sonoro "não" à tentação

Estejam atentos! Tomem cuidado com seu grande inimigo, o diabo, que anda como um leão rugindo à sua volta, à procura de alguém para devorar. Permaneçam firmes contra ele e sejam fortes na fé. Lembrem-se de que seus irmãos em Cristo em todo o mundo estão passando pelos mesmos sofrimentos.

1Pedro 5.8-9

Senhor, oro para que me afastes da tentação de fazer algo que não te agrada, ainda que seja em pensamento. Ajuda-me a saber sempre o que é certo e capacita-me a fazê-lo. Livra-me de todos os ataques do inimigo, que tenta me seduzir e me afastar do que é bom aos teus olhos. Oro para que a fraqueza de minha carne seja vencida pela força e pelo poder de teu Espírito. Sei que estou morta para o pecado mas viva em Cristo Jesus, portanto não permitirei que o pecado tenha domínio sobre mim.

Encontrando perdão por meio da confissão

*Mas, se confessamos nossos pecados, ele é fiel
e justo para perdoar nossos pecados e
nos purificar de toda injustiça.*
1João 1.9

Pai, confesso meus pecados diante de ti. Obrigada porque és fiel para perdoá-los e purificar-me de todos os efeitos deles. Se houver algum pecado em minha vida que eu não esteja vendo, revela-o neste momento, para que eu o confesse diante de ti e seja purificada de toda injustiça. Quero ter um coração arrependido, porque quero viver na plenitude de teu perdão.

Aceite a vontade de Deus com alegria e faça-a

E este mundo passa, e com ele tudo que as pessoas tanto desejam. Mas quem faz o que agrada a Deus vive para sempre.
1João 2.17

Senhor, oro para que me ensines a fazer tua vontade. Quero sentir isso no coração. Sou grata a ti porque sei qual é a tua vontade. Guia-me em cada passo para que eu não tome decisões erradas nem siga o caminho errado. Enche-me do pleno conhecimento de tua vontade, com toda sabedoria e entendimento espiritual (Cl 1.9). Alinha os desejos do meu coração com os desejos do teu. Quero o que queres para minha vida.

Aqueça-se no amor de Deus

Amados, continuemos a amar uns aos outros, pois o amor vem de Deus. Quem ama é nascido de Deus e conhece a Deus. Quem não ama não conhece a Deus, porque Deus é amor.
1João 4.7-8

Pai, eu te agradeço porque és o Deus de amor. Obrigada porque me amaste antes que eu te conhecesse. Obrigada porque enviaste teu Filho Jesus para morrer por mim e tomar sobre si todo castigo que mereço. Obrigada, Jesus, porque me concedeste a bênção de viver contigo durante a eternidade e de ter uma vida melhor agora. Teu amor me cura e me torna íntegra. "Tu és meu SENHOR! Tudo que tenho de bom vem de ti" (Sl 16.2). Sei que há uma enorme dimensão de cura e plenitude que só ocorre na presença de teu amor. Capacita-me a ser receptiva a teu amor operando em minha vida como nunca aconteceu antes. Lava-me com teu amor hoje.

Receba tudo o que Jesus lhe ofereceu ao morrer na cruz

Além disso, vimos com os próprios olhos e agora testemunhamos que o Pai enviou seu Filho para ser o Salvador do mundo. Aquele que declara que Jesus é o Filho de Deus, Deus permanece nele, e ele em Deus.

1João 4.14-15

Senhor Jesus, sei que vieste para "buscar e salvar os perdidos" (Lc 19.10). Obrigada porque viste minha condição quando eu estava perdida e me salvaste para ti e teus propósitos. Agradeço-te porque, pelo fato de teres morrido por mim, tenho vida eterna e teu sangue me purifica de todo pecado (1Jo 1.7). Agora posso viver livre da culpa e da condenação. Creio que "não há nenhum outro nome debaixo do céu, em toda a humanidade", pelo qual eu deva ser salva (At 4.12).

Aproximando-se do Pai com confiança

Estamos certos de que ele nos ouve sempre que lhe pedimos algo conforme sua vontade. E, uma vez que sabemos que ele ouve nossos pedidos, também sabemos que ele nos dará o que pedimos.

1João 5.14-15

Pai celestial, tenho grande confiança porque sei que, se eu pedir qualquer coisa de acordo com tua vontade, tu me ouvirás e receberei o que pedi. Apresento-me diante de ti como tua filha amada, e peço que me ajudes a orar de acordo com tua vontade. Sei que só receberei coisas boas de ti porque me amas e me aceitas.

As orações sobem a Deus

A fumaça do incenso, misturada às orações do povo santo, subiu do altar onde o anjo havia derramado o incenso até a presença de Deus.

Apocalipse 8.4

Senhor, sou imensamente grata porque minhas orações sempre sobem a ti no céu e ouves cada uma delas. Mesmo as orações mais silenciosas de meu coração, nascidas da fé, são tão importantes quanto minhas orações proferidas em alta voz, motivadas pelo fervor. Obrigada porque as ouvirás e responderás a todas. Sou muito abençoada porque estás no centro de minha vida.

Louvando a Deus pelo futuro

*Alegremo-nos, exultemos e a ele demos glória, pois
chegou a hora do casamento do Cordeiro,
e sua noiva já se preparou.*
Apocalipse 19.7

Senhor Deus, louvo-te por meu futuro, porque prometeste que será bom. Obrigada porque meu fim definitivo será contigo no céu. Louvo-te pela redenção futura do mundo e por tudo o que tenho na vida. Ao adorar-te neste instante, agradeço-te pelo dia em que te louvarei face a face por toda a eternidade. Aguardo esse dia ansiosamente.

Obras da mesma autora:

30 dias para tornar-se uma mulher de oração
A Bíblia da mulher que ora
A oração que faz Deus sorrir
Bom dia! – Leituras diárias com Stormie Omartian
Bom dia! 2 – Leituras diárias com Stormie Omartian
Dez minutos de oração para transformar sua vida
Escolha o amor – E mude o curso de sua vida
Escolha o amor – Livro de orações
Eu sempre falo com Deus sobre o que sinto
Guerreiras de oração
Guerreiras de oração – Guia de estudo
Guia-me, Espírito Santo
Minha Bíblia de oração
Minha história de perdão e cura
Minutos de oração para a mulher de fé
O diário da mãe que ora
O milagre do Natal
O poder da avó que ora
O poder da criança que ora
O poder da esposa que ora
O poder da esposa que ora – Livro de orações
O poder da esposa que ora – Mensagens de fé
O poder da fé em tempos difíceis
O poder da mãe que ora
O poder da mulher que ora
O poder da mulher que ora – Livro de orações
O poder da nação que ora
O poder da oração no casamento
O poder da oração para uma vida feliz
O poder da oração que domina o medo
O poder de orar
O poder de orar a vontade de Deus
O poder de orar juntos
O poder de orar pelos filhos adultos
O poder de orar pelos filhos adultos – Livro de orações
O poder de uma vida de oração – Livro de orações

O poder do adolescente que ora
O poder do marido que ora
O poder dos avós que oram
O poder dos pais que oram
O poder transformador da oração
O que acontece quando eu falo com Deus?
O que Jesus disse
Orações do meu coração
O segredo da saúde total